CHANGE YOUR MIND

暢銷作家
黛恩 著

境的好壞，由**自己的心境**決定

蟬連
誠品心理勵志
排行榜7個月
暢銷作家 黛恩 **超人氣力作**
全新增訂合集

改變心境，
就能改變處境

全集

國作家裴德列·藍布利治曾說：「**兩個人從同一個鐵窗往外望，一個人看到滿地泥濘，另一個人卻看到滿天星辰。**」

句話告訴我們，在人生的過程當中，重要的不是你目前的處境如何，而是應該如何改變自己的心境，進而改變目前的處境。

為，只要你願意改變心境，那麼原本從「鐵窗」望出去的「滿地泥濘」，就會變成「滿天星辰」。

克·吐溫曾經寫道：「**改變念頭，動手去做你最害怕的事，恐懼就會消失。**」

雁，當我們遭遇到不利自己的處境，只要我們能改變自己原先想逃避的心境，勇敢地面對，那麼就不難發現，

己目前的處境，其實並沒有想像中那麼糟糕。

● 黛　恩

改變心境，就能改變處境

不快樂的成因都不是來自他人，
而是來自於自己，
一旦自己給自己打了不及格的分數，
這種成見已經毒占了我們的心。

英國作家斐德列・藍布利治曾說：「兩個人從同一個鐵窗往外望，一個人看到滿地泥濘，另一個人卻看到滿天星辰。」

這句話告訴我們，在人生的過程當中，重要的不是你目前的處境如何，而是應該如何改變自己的心境，進而改變目前的處境。

只要自己願意改變心境，那麼原本從「鐵窗」望出去的「滿地泥濘」，就會變成「滿天星辰」。

世界上最可怕的敵人不是別人，正是你自己！

只要一個小小的負面的思想，就很可能把每一個足以令自己感到快樂的機會，全部抹煞。

有些人自我防衛意識過強，總喜歡與人保持距離，認為別人對自己充滿敵意，於是始終保持防衛的態度，別人當然也就敬而遠之了。

　　有些人則想得太多，老是懷疑東、懷疑西，對任何事都很多心，往往把原本簡單的事情給複雜化了。

　　有些人過於固執己見或愛斤斤計較，甚至過度追求完美，害怕負責任，於是種種的負面思想便將之團團圍繞，再也掙脫不開，不快樂的情緒籠罩之下，自然生活也就愁雲慘霧了起來。

　　如此的生活必然處處充滿恐懼和擔心，又怎麼快樂得起來呢？

　　由於太過在意外界的反映，所以反而讓自己變得偏執，一旦自己給自己打了不及格的分數，即使旁人並無此意，這種成見也已經毒占了我們的心。

　　其實，這些不快樂的成因都不是來自他人，而是來自於自己。此時不妨想想馬克・吐溫曾經說過的：「**改變念頭，動手去做你最害怕的事，恐懼就會消失。**」

　　想改變自己目前鬱鬱寡歡的處境其實很簡單。只要我們能改變自己原先想逃避的心境，放下懸疑不定的心情，勇敢地面對一切人事，就不難發現，自己目前的處境，並沒有想像中那麼糟糕。

　　改變心境，就能改變處境；改變心境，就能走出困境！

　　不管工作、生活或人際交往，都會有不順遂的時候，讓人產生煩躁、鬱悶、憤恨、失落……等等負面情緒，但是有時候，只要換個角度思考，換個心境面對，這些糾葛就能迎刃而解。

　　問題不在於我們置身的環境，而在於我們用什麼心境因應，只要能隨時調整自己的心境，用對的方式面對，自然而然就能改變處境。

　　英國政治家兼文學家迪斯雷利曾說過一句值得我們深思的話：「人類難以控制環境，卻能掌控自己的心境。」

　　的確，人的處境，不論是順境、逆境或困境，往往由心境做決定。我們身處什麼樣的環境，或許不是我們可以決定和掌握的，但是，只要懂得適時調整自己的心境，絕對可以藉由改變心境，來改變眼前困頓的環境。

　　最後必須說明的是，本書《改變心境，就能改變處境全集》是作者舊作《改變心境，就能改變處境》與《心境決定你的處境》的全新增修合集。《改變心境，就能改變處境》一書出版之後，曾蟬連誠品心理勵志排行榜七個月，《心境決定你的處境》也有相當不錯的成績，此次推出全新增訂合集，除了針對內容進行刪修之外，另外也增加了二十篇新稿，謹此說明。

1 想飛，必須有所準備

PART

一隻鳥想要飛得高飛得遠，
首先得要有一副健壯的體魄。
除了先天的才質之外，
還要加上不間斷的鍛鍊和磨練。

2 接受自己，才能看得見自己

PART

接納自己的每一個面向，才能真正找到自我，
看見自己美好的一面、缺憾的一面，
看見由光和影交錯出來的自我本色。

幸福就在我們的心裡

先培養實力，才能展現創意

不肯放棄，人生才會美麗

放棄，很容易。
放棄成功，只是一念之間而已，
在你說「我做不到」的片刻，
成功已經向你揮手道別。

敢去突破的人，才能獲得成功

每條路上總有險境，
總會有無數的障礙等著擊垮你，
如果不去突破，最後非但無法逃離困境，
反而會陷入坐以待斃的絕境。

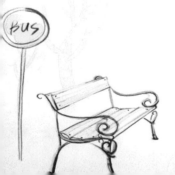

多一分寬容，行事才會從容

PART 7

如果只是因為生氣而批評，
開口前最好先想一想，
逞了一時口舌之快，
可能忍耐多年總算能一吐怨氣，
但是最終又得到了什麼呢？

不要讓恨意支配自己

PART 8

恨意彼此加乘下去，
不只傷人，終究也會自傷。
讓恨意進駐內心，
畢竟最後折磨的還是自己，不是嗎？

及時修正方向，就不會暈頭轉向

PART 9

一發現了錯誤就要及時修正方向，
否則錯誤所造成的差異就越來越遠，
到最後變成無法收拾的遺憾，
就太可惜了。

彼此尊重就是最好的互動

PART 10

地位越崇高的人，
他的意見更容易受到更多人的檢驗；
反對的人越多，
就越能看出一個人的氣度是否寬宏。

別讓怒氣控制自己的情緒

PART 11

有誰會喜歡一個天天瘸嘴、
眉頭緊皺的人呢？
器量不大的人也能成為可愛的人，
只要你找出了自己專屬的「洩氣」管道。

機運必須自己去耕耘

PART

成就不在於幸運，
而是提升自己到足以抓握機運的高度。
如果自己不給自己機會去努力，
那麼永遠不可能會有成功的機會。

改變想法，就能改變你的看法

PART 13

唯有願意放開一切既定的成見與包袱，
真正去了解別人的長處與優點，
才能得到誠摯的情誼，也才能跳脫原本的罣礙。

叮嚀自己保持好心情

PART 14

多數人之所以一直感到沮喪，
就在不肯打開心房，
讓愉快、希望、樂觀的陽光灑入，
終日緊閉著心扉，
以致於活在灰澀陰暗之中。

你的腦筋為什麼會打結？

只知道工作而不懂得休息，
會讓你的腦筋打結，變得越來越笨。
身體健康與精神健康是息息相關的，
一旦你的身體健康出了問題，
你的腦筋也會跟著渾沌不明。

想飛，必須有所準備

一隻鳥想要飛得高飛得遠，
首先得要有一副健壯的體魄。
除了先天的才質之外，
還要加上不間斷的鍛鍊和磨練。

想飛，必須有所準備

> 一隻鳥想要飛得高飛得遠，首先得要有一副健壯的體魄。除了先天的才質之外，還要加上不間斷的鍛鍊和磨練。

　　法國文豪大仲馬曾經在他的著作中寫道：「未來有兩種前景，一種是猥猥瑣瑣的，一種是充滿理想的。上蒼賦予人自由的意志，讓人可以自行選擇，你的未來就看你自己了。」

　　人生本來就充滿選擇，如何面對發生在自己眼前的事情也是一種選擇，你的態度將決定你未來的人生道路。

　　每個人一生中，至少會走十年好運，在這段時間內，可能處處有貴人扶你助你，可能事事總能得心應手、心想事成。

　　在這黃金的十年裡，如果你能夠將自己的才氣、福氣全盤展露，就能像展翅而飛的大鵬鳥，在不需過度使力的情況下，高飛滑行而過這段時期。

　　然而，有許多人並不能把握自己的黃金十年，總是苦苦等候，怨嘆自己的運勢為何還沒到，絲毫不知自己已經進入人生最精華的時候，只是任隨時光流逝，而後一生感嘆自己抑鬱不得志。

　　每個人的十年起點不盡相同，想要得到這榮升的十年，必

須要先有一番蟄伏,先有一段苦練與修行,而後機運一到,便可驚蟄而起。

一隻鳥想要飛得高飛得遠,首先得要有一副健壯的體魄,有力的翅膀,輕盈的骨架。除了先天的才質之外,還要加上不間斷的鍛鍊和磨練。

起飛之前,揚起頭,曲著身,彎著腳爪,而後收起毛羽使勁一蹬,先衝出一段高度,再用力拍動翅膀搧動氣流繼續攀升,直到突破空氣的張力而後放平翅羽,乘風滑翔,即可飛得又高又遠。

心境決定你的處境

我必須承認,幸運喜歡照顧勇敢的人。

——達爾文

了解自己才能讓自己振翅高飛

你我的人生規劃決定權都在自己手中。把握
自己的黃金十年，回顧這一生，必然無怨無
悔。

每個人年輕的時候，都曾經抱有各種遠大的夢想，但是羽翼未豐之前，一切只是空談。

唯有不斷強化自己的技能與見識，選定最後的目標，繼續增添自己的實力，一旦通過一定的標準，就有貴人和機運出現。能夠把握這一波「上升氣流」振翅高飛的人，自然有平步青雲的一刻。

如果沒有把握時機，錯過這一段對自己而言各方面都抵達頂峰的時期，一生發展就難免有限了。

善於掌握自己的人，可以利用各種不同的時期為自己開創下一輪的人生榮景。但是，對一般人來說，只要能夠在黃金十年內好好展現自己，就算是收穫無窮了。

所以，回顧看看，如果你一生中最黃金的歲月有十年，你會從什麼時候算起，你現在又度過了多少？虛度了多少？

還沒到黃金歲月的人，繼續投資自己、厚實自己的基礎吧，總有一天，這些努力會派得上用場。

剛剛進入的人，別錯過任何一個機會，一步一步往前邁進，別忘了，在你振翅的時候，氣流才會灌進毛羽之中，幫助你省力並繼續上升。

過了一大半的人，好好享受這一段輕盈飛翔的時刻吧，這是你之前努力所應獲得的，當你掠過一片又一片成功的雲層，往更湛藍的晴空飛去，低頭俯瞰，你將看見無數幽遠的景致。

至於過完那黃金十年的人，雖然不得不下降停下，但是回過頭看看，那片被夕陽渲染出的燦爛霞彩，就是為你過往成就的美麗註解，你應該為自己感到驕傲，同時平心靜氣地迎向星空。

認識自己，了解自己；投資自己，展現自己；你我的人生規劃決定權都在自己手中。把握自己的黃金十年，回顧這一生，必然無怨無悔。

心境決定你的處境

你想要達到什麼目的，就要把所有的力氣、所有的手段、所有的條件、所有的一切都花上去，要盯住不放！

——尤·特里豐諾夫

不避自己的錯誤，更顯寬容大度

> 改正自己的缺失，不避諱自己的錯誤，可以
> 讓我們的人際關係更圓融，也能夠營造個人
> 寬容大度的形象。

　　大部分的人都會因為不合常理的滑稽行為而發笑，但是卻一點也不希望自己是其中的主角，對於別人的觀感也會非常在意。

　　相對的，由於我們不希望讓對方感到尷尬，所以會盡可能的將對方的糗事視而不見，卻又常常忍俊不住。

　　要是真的無法克制，爆笑出聲，場面勢必會變得非常難看，如果對方惱羞成怒，情況更是難以收拾。

　　遇到這種情況，出糗的人不妨自己先笑，先行解除雙方想笑不敢笑的禁令，讓忍不住笑的人能夠無傷大雅地歡笑一場，此舉反而能在笑聲結束之後，自然而然地接續活動。

　　否則，在雙方不敢四目交接的情況下，一個因為出糗而難堪，一個因為忍笑不住而尷尬，到時候做什麼事都不對勁了。

　　開自己玩笑的另一個好處是，降低他人無心之過可能帶來的傷害。

　　每個人都有缺點，每個人都會有自己的底限，當你在意別

人如何看待你的缺陷時，由自己先用輕鬆的方式敞開來談論，等於是以不著痕跡的方式對人暗示自己的底限，也就是告訴對方：「到這種程度的玩笑我還可以接受，再超過可就不行了。」

通常一個通情達理、懂得社交禮儀的人，一旦接收到這樣的暗示，就會小心守好個人分際，不會故意使對方難堪，更不會誤觸地雷，波及兩人之間的和諧關係。

所以，改正自己的缺失，同時放寬心胸，接受他人緩和氣氛的玩笑話，不避諱自己的錯誤，笑看自己出的糗，可以讓我們的人際關係更圓融，也能夠營造個人寬容大度的形象。

心境決定你的處境

真正的幽默是能反躬自笑的，它不但對於人生是幽默的看法，對於幽默本身也是幽默的看法。

——錢鍾書

建議是說給想聽的人聽的

> 想要使對方聽進我們的建議，首先必須先行
> 挑起對方對這項忠告的認同感，如此才有繼
> 續說下去的餘地。

　　有時候，「知道」和「做到」中間不見得可以立刻畫上等
號。

　　別人的提醒和建議，頂多可以幫助我們「知道」，如果真
的想要「做到」，我們還是只能靠自己。

　　這種時候，建言和忠告再多也不能起恢宏的效用，因為，
一旦個體自認為做不到，或者不想做，這些隔靴搔癢的建議，
通常只會帶來惱怒。為「做不到」而惱羞成怒，為「不想做」
而心煩發怒。

　　所以，忠告和建言是說給想聽的人聽的，唯有聽者真的自
覺有益，且樂於接受，才是足以被聽信採納的建議。

　　因此，想要使對方聽進我們的建議，首先必須先行挑起對
方對這項忠告的認同感，如此才有繼續說下去的餘地。

　　而後，還必須使對方信服這樣的做法確實可以為他帶來好
處，才有可能達到期望結果。

　　也就是說，不管你說幾千次幾萬次「讀書很重要，多讀一

點書對你有幫助也有好處」，只要對方有一絲絲質疑，最後就會變成「你說你的，愛聽不聽都隨我」的情況。

結果經常是說者費盡唇舌，而聽者一如故往。

抱持著主觀意識去「施恩他人」的人，往往會令人感到厭惡。想要超脫這樣的困境，唯一的辦法就是別再端著一副「我是為你好」的架子去對別人嘮叨，也不要常常把「我早跟你說過了」這句話掛在嘴邊。

想知道正確的方向、想改變目前的狀況的人自然會來請教你，犯了錯誤的人也早已受到錯誤折磨，這些都不需要你特意提醒，也不需要你雞婆幫忙，一切順其自然就好。

心境決定你的處境

傾聽每一個人的意見，可是只對極少數人發表你的意見；接受每一個人的批評，可是保留你自己的判斷。

———莎士比亞

何必為別人的錯誤生悶氣

> 以一己之力無力完成的事，去尋求更多人的
> 協助是更有建設性的做法，遠勝過自己一個
> 人捶胸頓足、指天怨地。

　　請想像一個情境：你向網路賣家下標購買一項商品，事先你已做足了功課，仔細查看賣家信譽，調查不同賣家提出的條件，仔細評估什麼樣的付費方式對自己最有利。

　　而後，你下了標，匯了款，也寫信告知賣家你的電話與寄件地址。但是，幾天下來，這名賣家卻像是人間蒸發一樣，沒有回信，沒有網站回應，最重要的是沒有收到商品……。

　　你會怎麼想？

　　是心想：「可惡！竟然遇到詐騙集團！」

　　還是為賣家尋找解釋：「說不定剛好他的網路壞掉了，所以暫時不能上網！」或是：「說不定他發生什麼意外沒有辦法回應！」

　　不管是哪一種想法，都還是會讓人感到情緒惡劣吧！

　　因為原本設定好的信任感已經被破壞了，不只讓你有受騙上當等等不舒服的感受，還有自己竟無識人之明的憤怒，或明明已經多方防範了卻還是受騙的無能屈辱感。

但是，仔細思考一下，有錯的明明是對方，爲什麼反而要不斷地提醒自己：「真是悔不當初啊！」

這不是在折磨自己嗎？

事情都已經發生了，你罵自己再多次笨蛋，甚至大聲抱怨對方是豬頭、騙徒，真的於事有補嗎？

真的氣不過，想要反撲、反擊，就要想辦法循管道去處理，一個人生悶氣是沒有用的。

以一己之力無力完成的事，去尋求更多人的協助是更有建設性的做法，遠勝過自己一個人捶胸頓足、指天怨地。

心 境 決 定 你 的 處 境

惱怒將理智的燈吹熄，在考慮解決一個重大問題時，你必須脈搏緩慢，心平氣和，頭腦冷靜。

——英格素

不要為別人的錯誤折磨自己

> 不要再為別人所犯下的錯誤而感到自責，那
> 不是你的錯，你才是受害者，不要再追想為
> 什麼別人要如此待你。

　　或許我們無法阻止悲劇發生，但是我們可以終結悲劇對我們造成的傷害，以及傷害我們重視的人事物。

　　走出陰影，是一件困難的事，我們可能要面對炙人的傷痛，我們可能得刮去潰爛的腐肉。但是，如果我們不踏出這一步，將永遠沉溺在悲傷之中，最後連自己都變成一顆毒瘤。

　　生命中有很多無可奈何的事，去追問為什麼，不見得能夠為我們帶來答案。

　　跨越問題，才能使我們走向超然自適，超脫痛苦。

　　看見希望，身上的痛苦彷彿就輕減了幾許；望見陽光，心裡的寒冰彷彿就消融了幾許。

　　也許一時之間我們並不能改變現狀，但是現況確實是時時刻刻在改變之中，每一秒鐘的偏移或許微乎其微，但是日日夜夜的累積與變化，終將令人感到驚訝。

　　從現在起，不要再為別人犯下的錯誤而感到自責，那不是你的錯，你才是受害者。你已經受到傷害了，不要再追想為什

麼別人要如此待你，這樣只會多刺自己兩刀。

畢竟，你知道答案了又如何？

你的傷痛會減輕嗎？難過會消褪嗎？不會的，不論對方是無心或有意，對你的傷害都是一樣的。

唯一自救的方式，就是站起來，不要再讓人有機會擊倒你。

靈活自己的思緒，保持機動和警覺，提升自己成為強者，拿過往的自己當墊背，不再屈居為弱者。

等待別人的保護是消極的，期待有人為你出頭也是消極的，責問對方有沒有良心也是消極的。唯有積極爭取自己的權益，勇敢為自己發聲，才是值得努力的作法。

最重要的是，千萬別再把別人的錯誤攬到自己身上，因為，儘管你把自己折磨得體無完膚，對方也還是不痛不癢，你也只能徒呼負負。

心境決定你的處境

誰要是希望自己好，就得自己動腦筋，自己關心自己，
別的任何人都代替不了他。　　——車爾尼雪夫斯基

別人為何不知道你在想什麼

> 如果不將情緒表達出來，不表明自己的內心世界，沒有人能猜得著別人心裡到底在想什麼。

《聖經》故事裡曾經有一段描述，原本人類可以在思想、語言上互相通達，但是日漸狂妄的人類，竟想蓋起巴別塔與天一爭高下，最後上帝毀了高塔，也區隔人類的語言作為懲罰。

因此，世上有了各種不同的語言，而每一種語言幾乎沒有辦法精準地翻譯成另一種語言。

人與人之間也有了隔閡，再也無法真正心意相通。

不管是再親密的兩個人，不管是親子、愛侶、知己……，都沒有辦法完全明瞭對方心裡的想法。我們只能猜測，有時猜對，有時猜錯；有時真的猜中了，有時假裝對方猜中了。

有人黯然地說：「其實你不懂我的心。」

有人嘟著嘴說：「為什麼你都不順我的意？」

其實，這些人真的忘了，假使他們連這些話都不說，別人是不會知道他們在想些什麼的。

畢竟，如果不將情緒表達出來，不表明自己的內心世界，沒有人能猜得著別人心裡到底在想什麼。

　　所謂的「溝通」是一種雙向的活動，傳輸與接受的窗口都必須雙向開啓，否則只能算是單向輸送罷了。

　　我們根本不用費事去猜測別人的心意，因爲反正猜了也可能會猜錯，就算猜對了也不一定會有獎品。

　　意圖深究他人內心，只是徒然讓自己處於對與不對的不安之中罷了。

　　這種不安是自找的，因爲，對方如果有所求卻不肯說出口，我們有什麼義務得替他們辦到妥當？

　　萬一猜錯對方的心思，豈不是白費力氣？

心境決定你的處境

思考是我無限的國度，言語是我有翅的道具。

——席　勒

如果你有所求，最好說出口

當你有所求的時候，坦白說出口，清楚地表達出來，不要故意讓人猜；否則別人猜不到、援手到不了的時候，就不要怨天由人。

　　喜歡擺一副姿態來讓人猜疑的人，真是世上最驕傲自負的人，彷彿別人很自然應該要為他著想，很理所當然要關懷他的心情。

　　假使對方不能夠順其意、知其行，就要撒潑、生悶氣、不開心，然後讓所有的人都摸不著頭緒到底是又不小心踩著哪條引線了。

　　如果你不希望別人觸碰你的禁地，何不乾脆畫出地圖界限，讓人不敢跨越雷池一步？如果你期望別人對你伸出援手，何不大聲開口呼救？

　　難道眼看你快要沉入沼澤流沙之中了，還要讓人在千里之外苦尋？

　　那麼，別人來不及救你或是救不到你，又何錯之有？

　　俗話說：「會吵的人有糖吃。」並非不會吵的人就不愛吃糖，但是吃到糖的機會恐怕會少上許多，因為別人可能根本不知道他要吃糖。

有求於人不是一件羞恥的事，懂得在自己需要救援的時候謙卑開口才是最聰明的。

　　給援手一個方向，勝過在茫茫大海中撈針，願意幫助別人的手不是閒著沒事，而是要伸給需要的人。

　　所以，當你有所求的時候，坦白說出口，清楚地表達出來，不要故意讓人猜。否則別人援手到不了的時候，就不要怨天由人。

心境決定你的處境

語言是心靈的光明。

——米爾

接受自己，
才能看得見自己

接納自己的每一個面向，才能真正找到自我，

看見自己美好的一面、缺憾的一面，

看見由光和影交錯出來的自我本色。

願意說，就不會太難過

當你需要訴說的時刻，一個可以專注傾聽的
對象，絕對勝過給你金玉良言的指教。

當你心中覺得煩悶的時候，如果有人能夠聽你訴說心裡的感受和想法，事後是不是比較容易不鑽牛角尖，甚至比較容易想通原本困頓的癥結？

有時候，說話的對象不見得一定是人，諸如寵物、玩偶、物品……等等，也是不錯的訴說對象，而且有時反而效果更好，因為，此時你最需要的是說話，而不是聽話。

也就是說，當你需要訴說的時刻，一個可以專注傾聽的對象，絕對勝過給你金玉良言的指教。

這也就是為什麼有時候明明對方是來找你諮詢問題，卻一味嘮叨自己的意見，一點也不想聽你說明的原因。

即使你總是面帶歉意，表示沒有辦法提出什麼良好的建議，對方卻仍然心情平復許多。

因為，當時對方需要的只是一個傾聽的對象，他需要有人聽聽他想說的是什麼，甚至不要你回應任何話。

心理學上有一種「躺椅治療」的方法，就是善用這種互動

技巧，幫助患者解決自己的問題。

　　患者舒適的躺在躺椅上，坐在躺椅前的心理醫生則傾聽患者描述自己的疑惑和遭遇或障礙，加以適當的引導，直到患者絮絮說出的話語中，帶出足以解決問題的答案。

　　這種治療方式需要患者的高度參與，如果患者並不能侃侃而談，或者試圖掩飾許多心裡的感覺，最後的成效必然也會打折扣。

　　因為誰在聽並不是這項治療最重要的部分，誰說了什麼才是真正的癥結所在，也才是解開心結的最大關鍵。

心境決定你的處境

語言是因發怒致病的心靈之醫師。

——埃斯庫勒斯

聽別人怎麼說，比你說什麼重要

> 當有人向你請益的時候，先聽聽對方怎麼
> 說，不要一味滔滔不絕闡述自己的看法，有
> 時候對方不一定需要你的建議。

　　「敘述」是一種自我治療的方法，透過把自己的感受轉化成言語訴說出來，可以幫助我們從言說之中找到力量，進而跨越心中的障礙。

　　藉由敘述的方法來解決心理上的疑惑，是心理學上相當常見的用法。

　　因此，當你在交談的過程中認真聆聽對方的談話時，其實也就達成了一種心理治療的助力。同樣的，當你訴說的時候有人樂於傾聽，對你來說，問題所帶來的困擾也就解決了一半。

　　能夠明瞭這一點，未來再度遭遇到相同情況時，應該就能為對方多加體諒一點。當有人帶著苦惱的表情來找你時，你便能了解，此時最貼心的做法就是閉上嘴巴，打開耳朵，專心地聽他說話。

　　大部分的時候，我們會把我們遭遇到的問題與困難向我們信任的對象傾訴，吐露一切的不愉快。

　　假使對方在我們還沒說清楚自己的感受之前就先斷然回應：

「你不用再多說了，我早就看出你的問題就是……」或者說：
「你的問題我也遇過，我的解決方法是……」相信你雖然唯唯
諾諾地點頭聽完，心裡必然不痛快，仍然是失落的。因為，對
方的經驗不見得和你相同，你的問題可能還是無解。

　　所以，當有人向你請益的時候，先聽聽對方怎麼說，不要
過度熱心，一味滔滔不絕闡述自己的看法，讓對方完全沒有開
口的餘地，有時候對方不一定需要你的建議。

　　做人要圓融、成功，最重要的就是要先學會「聽話」，至
於是不是很會「說話」倒是其次。

　　相同的，當你有話想說的時候，也不要忸怩作態，假意想
求人建議。此時，不妨直接請對方聽你說說話，別讓人白費力
氣、想破腦袋幫你找你根本不需要的答案。

心境決定你的處境

當你遭遇挫折而感到憤悶抑鬱的時候，向知心摯友的
一席傾訴可以使你得到抒發。否則這種積鬱會使人生
病。
　　　　　　　　　　　　　　　　　　——培根

不要問你根本不在乎答案的問題

> 如果沒興趣聽人說話，就別主動提問，否
> 則，就要專心聽一聽別人給你的答案，以免
> 浪費別人的精力，也浪費自己的時間。

有不少人喜歡把問句掛在嘴上，「怎麼辦呢？」「怎麼會呢？」「爲什麼呢？」好像所有的事情都想知道，看似好奇心旺盛，其實只是他們習慣的口頭禪罷了，如果不以這樣的話語來開頭，似乎就無法進行交談。

面對這樣的發語詞，不明就裡的人可能會誤以爲對方真的想要知道些什麼，要是當了真，最後很可能會落得自說自話的結局。對方可能早已轉移話題，或者擺出不耐煩的表情看著你，只想要你快點說完，因爲他正打算開始說他找你的真正目的。

主動提問，卻又沒有細聽誠意，這樣的作風非常不禮貌，但是，在生活當中，我們很容易就會讓自己做出這等的行爲。

比方說：「媽，妳的工作忙完了沒？」這一句問話可能關心的成分少了點，而是「幫我找明天要帶的美勞用具」的發語詞。

比方說：「老闆，請問你對這個案子還有什麼意見？」這句話可能不見得真的想聽老闆的建議，而是意味著：「我的提

案根本無懈可擊，你最好不要廢話，快點通過。」

可是，可曾想過，當我們認真找答案，想給對方完美的解答，卻發現對方早已心有成見時，會有什麼樣的感受？當我們真心想給予建議而對方根本一丁點也聽不進去的時候，又會有什麼樣的感覺？

一句「怎麼辦呢」說得很容易，但是當別人千辛萬苦找來答案時，又根本聽不進去，豈不是整人？

所以，如果你根本不想聽別人的意見時，千萬別問；如果你其實心裡早有偏好的答案的時候，千萬別問；如果你只是覺得無聊，千萬別問。

如果沒興趣聽人說話，就別主動提問，否則，就要專心聽一聽別人給你的答案。不要有可有可無、不置可否的態度，以免浪費了別人的精力，也浪費了自己的時間。

心境決定你的處境

遇事不妨詳問廣問，但不可有偏主心。

——呂坤

何必死抱著罪惡感不放

> 與其讓自己身陷在令人窒息的罪惡感之中，
> 不如把氣力花費在更積極的彌補上，積累更
> 多福德給他人。

　　法國作家雨果筆下的《悲慘世界》中，主角冉阿讓曾經因為偷竊一片麵包家而被判刑，又因為不斷逃獄被整整關了十九年。

　　終於出獄的他卻受到社會的排擠，好不容易在主教的教堂裡獲得收容，但是當天晚上他就偷了主教的銀器逃走，結果很快被警察捉住。

　　可是，在警察揪著他到教堂裡和主教對質的時候，主教卻說銀器並沒有被偷，是他要送給冉阿讓的，還有一對銀燭台忘了拿走呢。

　　沒了失主，竊盜案自然也不成立了，警察無功而返，但是主教卻成功感化了一個社會的邊緣人。

　　自此之後，冉阿讓隱姓埋名，決心重新做人。後來他成了蒙特伊這座小城市的市長，而且很受市民愛戴。

　　冉阿讓受愛戴的原因並不是因為他的力氣強大或是聰明才智，而是因為他的樂善好施與經常為市民謀福。

正因為他羞愧自己曾經是一個小偷、一名盜賊，所以他更盡力在自己能力所及之處，幫助市民度過生活的難關，不需淪為盜賊。

除卻十九年的牢獄生活，冉阿讓的一生幾乎都在幫助他人，這或許是他有愧於自己過往的行為所形成的動力，但是也由於他一直致力於彌補自己曾經犯下的錯誤，最終才能在銀燭台的照拂下得以安眠。

或許他始終覺得自己是個壞人，但事實上，他早已是個難得的善人了。

所以，與其讓自己身陷在令人窒息的罪惡感之中，不如把氣力花費在更積極的彌補上，積累更多福德給他人。

若你曾傷人心，就以更多倍的愛心去愛人；若你曾是壞人，就以更多、更好的作為加以補償。

或許再多的彌補也換不回完好如初的身心，但是能夠多為自己贖罪，就能夠少受點罪惡感的折磨。

心境決定你的處境

懺悔得太多，也許跟懺悔得太少一樣糟糕。

——蕭伯納

你是真有品味，還是毫無主見

> 想要成就自我的品味與美感，學習和效法當
> 然是必要的。透過心靈去體會，才能真正感
> 受到什麼是自己最欣賞的美感。

當你花了大把鈔票打造了一身「名牌」行頭，卻發現自己根本沒有可以穿著的場合；當你重新裝潢出一個精美絕倫且具多功能收納的居家空間，卻發現你每天回到家裡只有進行睡覺這項活動；當你購買了一輛號稱可以瞬間從零加速到一百公里的舉世跑車，卻發現沒有一條馬路可以讓你進行這種加速遊戲……。你到底是真的有品味，還是個毫無主見的呆瓜？

對於美感的追求，是人類的本能，「見賢思齊」也是一種自然的反應。但是在學習和模仿的過程中，我們不能把自我完全抹去或忘記，一旦把自我去除，和展示服裝的模特兒人偶有什麼差別？

俄國作家別林斯基說過：「美隱藏在創造或者觀察它們的那個人的靈魂裡。」

沒有靈魂，美感是不可能存在的。

更進一步來說，當我們無法將外界的美和內在的自我加以融合、揉捏，形塑出我們自己的美感時，我們只會像效顰的東

施一樣，自以為美麗其實醜陋怪異，甚至比原來的模樣更為醜怪。

想要成就自我的品味與美感，學習和效法當然是必要的。但是必須透過自己的眼睛去觀察，透過自己的心靈去體會，才能真正感受到什麼是自己最欣賞的美感。

而後別忘了要先把自己想像成一只醃泡菜的醃罐，從四處搜羅來的各式美味的素材，一定要在罐裡沉澱發酵過一段時間，才能成就出美味，同時散發出獨特的風味。

別再一味地狂搶新出款的包包、衣服了，先仔細瞧瞧、試試，找出最適合自己的風格打扮才是真途。

否則，即使千辛萬苦地搶到了、買到了眾人趨之若鶩的名品，最後卻因為不適合自己，只能放在衣櫃裡冷凍，或是穿用一兩次就再無用武之地，不管是賣掉或送人，其實都已有了無形的損失了。

心境決定你的處境

美，是從生命內部射出的光芒。

——庫魯拿

接受自己，才能看得見自己

> 接納自己的每一個面向，才能真正找到自
> 我，看見自己美好的一面、缺憾的一面，看
> 見由光和影交錯出來的自我本色。

　　每個人都是不同的個體，每個人都有自己的優點和缺點，每一個人都有自己的長處和短處。

　　以日本話來說，人必有得意亦有苦手，所謂「得意」就是自己擅長之處，至於「苦手」指的是做起來棘手又麻煩的事。

　　我們不可能事事得意，也絕不會全然苦手，我們肯定能夠在某個領域中發揮所長，也勢必會在某些層面中吃盡苦頭。

　　然而，成功的「我」和失敗的「我」，不全都是我們自己嗎？為什麼要為成功的「我」驕傲囂張得意，對失敗的「我」極盡詆毀之能事？

　　一時的成功既然不會是永遠不敗，那麼一時的失敗也不會永遠到不了成功。倘若我們能在擅長處竭力發揮，能在棘手處小心防範，這不就是生命帶給我們的最大支持和引領嗎？

　　月球不會發光，卻能受照日光而散發出柔和的暈芒，不同於烈日的炙人，月光的柔美更易吸引目光停駐；在宇宙中看地球，映照出來的是一片晶藍的光芒，相信必是另一番動人的景

致。每顆星球都有其獨特的韻致，不論受光面或非受光面都是星球的一部分。

所以，何不試著接納自己的黑暗面，不論照得到光和照不到光的部分，都是屬於自己。

唯有開始接納自己的每一個面向，才能真正找到自我，看見自己美好的一面，看見自己缺憾的一面，看見由光和影交錯出來的自我本色。

把光線照射在平面上，看起來永遠只是平面，但是，把光線照射在凹凸不平的表面上，光影錯置呈現出來的深度和明暗度，就使得表面變得立體起來，顯得變化多端。

我們不一定要是個發光體，我們可以在自我身上雕鑿出自己獨特的紋路，照映出屬於我們自己的光彩和景致。

心境決定你的處境

在這個世界上，我希望徹底了解的人只有一個，那就是我自己。

——王爾德

玩笑開過頭，只會招來反效果

> 當我們看到電視上他人悲慘和受辱的畫面
> 時，心中竟無一絲憐憫，反倒有一陣快慰，
> 這時我們的心可能早已生病了。

　　有人說幽默是佐料，生活中有幽默，可以讓生命更有味道。

　　因此，一般人總喜歡開開玩笑使生活變得更輕鬆，適時適度的插科打諢，可以使氣氛變得融洽和緩。

　　然而，我們卻不得不小心說玩笑話的尺度，有時玩笑開過火，反而會招來反效果，使得場面變得尷尬無比。開錯玩笑的人為此賠進了自己的形象，可說是得不償失。

　　以電視節目來說，現在有些主持人多半會以消遣來賓的方式來製造笑果，不是批評女星身材不好，就是嘲笑男星沒有人緣。

　　然而，讓我們仔細思考一下，看到別人受窘、難堪的時候，心裡真的會覺得開心好笑嗎？

　　動輒把別人的缺點或難處拿出來做文章，非但只帶來低俗的笑點，更給人一種不夠厚道的印象。

　　舌燦蓮花是一回事，口無遮攔又是一回事。

　　每每逞了口舌之快，說人長、道人短，等到要挨告了才又

回過頭來低聲下氣地道歉求諒解，說是爲了節目效果，不得不這麼做。

這樣的解釋理由實在令人難以接受，以欺負、惡整他人爲樂，把他人的難堪當有趣的畫面，有何效果可言？

綜藝節目的存在，是爲了調劑我們緊繃的生活和情緒，然而，如果大量觀看這樣的節目，只會讓我們的格調變低，爲什麼要耗費生命坐在電視機前看沒有營養的節目？

當我們看到電視上他人悲慘和受辱的畫面時，心中竟無一絲憐憫，反倒有一陣快慰，這時我們的心可能早已生病了。

心境決定你的處境

我所喜歡的幽默，是能使我發笑五秒鐘而沉思十分鐘的那一種。

——威廉‧戴維斯

玩笑必須開在對的地方

> 能以幽默看待世事的人，是超然的智者；相對的，不懂得節制玩笑的人，則是庸俗的愚人。

孔子有云：「君子不重則不威。」

意思就是當一個人言行不夠莊重，總是顯得吊兒郎當的輕浮樣子，就很難樹立威嚴使人信服。

有些人由於不想正面面對事情、處理問題，只想逃避嚴肅的現實，經常企圖以打哈哈的方式嘻笑帶過，彷彿在一陣笑聲之後，所有的事情都可以煙消雲散，得過且過。

但是，這種做法僅僅是一種短暫且效果有限的興奮劑罷了，只能暫時麻痺眾人，以為一切問題都不存在。

當問題真正嚴重且亟需解決的時候，玩笑的態度通常只會引發另一波令人難以承受的怒火罷了。

假使你今天決定向你的上司攤牌，把許多工作上的問題一次解決，可是他卻嘻嘻哈哈，不斷顧左右而言他地規避問題，試問，你會被他的態度徹底惹毛，還是陪他一起嘻笑，然後再帶著沒有解決的問題回到自己的工作崗位，繼續埋頭苦幹？

人確實應該歡笑生活，但生活中仍有許多事需要嚴肅以待。

如果你垂垂老矣的父母，愁著臉，嚴肅地向你討一口飯吃的時候，你是否會繼續嘻皮笑臉地對他們說：「唉呀！吃什麼飯，喝西北風就好了！」

　　這樣的態度沒有資格談論幽默的課題。

　　假使一個人連端正自己的態度，以誠意示人都做不到，那麼，別人看待他的態度也勢必是輕蔑的。

　　能以幽默看待世事的人，是超然的智者；相對的，不懂得節制玩笑的人，則是庸俗的愚人。

心境決定你的處境

言輕則招憂，行輕則招辜，貌輕則招辱，好輕則招淫。

——揚雄

幸福就在我們的心裡

真正的幸福應該在於你我的心裡，
只要我們覺得這樣的做法愉快，
這樣的環境開心，我們就營造了彼此的幸福。

不與人爭不一定就是認輸

不爭，不一定是退讓，不一定是認輸，而是
一種不計較，選擇不在爭吵的場合之中，豪
賭輸掉兩人原本的情誼。

有時候，衝突的本身只是因為一時意氣造成的，假使雙方
能夠冷靜下來想過一回，很多話就不會說出口，很多傷害也不
會形成。

然而，許多人一旦怒氣攻心，往往什麼也顧不得了，嘴巴
張開就講、就罵，有時連過往的恩怨也一併拿出來攪和，變成
了無理取鬧。最後爭執淪為「為了吵架而吵」，既沒能解決問
題，更使得氣氛僵持。

有話說：「不打不相識。」

也有話說：「床頭吵，床尾和。」

聽起來好像爭執吵鬧並不是什麼大不了的事，反而是一種
生活情趣。

但是，每一次的爭吵其實都像是兩顆玉石相互撞擊，或許
表面無痕，但是內在紋理必定有所震盪，一旦力道沒有控制好，
就可能造成無法修復的裂痕，甚至變成玉石俱焚的後果。

人與人之間能不吵架最好，除非早已把爭執的前因後果全

搞清楚，也確認除了吵開別無他法，否則，一旦起了爭執就很難再維持平和的表象。

此外，爭執也會引來更多爭執，有時候連看熱鬧的人都可能被波及，最後演變成一發不可收拾的局面。

每個人生長的背景不同，行為模式和價值觀自然不同，因此很容易產生摩擦，可能是因為意見不合，可能是立場或觀點不同，也可能是沒有共識，任何一點點的歧異都可能會使兩個人發生爭執。

當然，很多時候，爭執得以避免，這是因為在爭議的兩方當中，有人做了選擇，選擇不爭執。

不爭，不一定是退讓，不一定是認輸，而是一種不計較，選擇不在爭吵的場合之中，豪賭輸掉兩人原本的情誼。

生氣的時候，每句話多想三秒鐘，將可以省去許多後悔和尷尬的窘境。

心境決定你的處境

一爭兩醜，一讓兩有。

——呂近溪

懂得享受生活，才是最大的財富

> 只會賺錢不會花錢的人，稱不上富有；能享
> 受每一段賺錢和花錢時光的人，才是真正的
> 富足。

　　有一部影片名為〈命運好好玩〉，劇情描述身為建築師的男主角，意外獲得一個遙控器，能夠讓他恣意快轉或倒退他的人生。

　　當他對生活感到無味或是迫不及待的時候，便立刻按下快速鍵，前進到他覺得光榮與高升的時刻。當然，他也可以隨時倒退回去過往生命中的任一片刻，重新體會當時的感受。

　　可惜，當他一味向前到了自己榮升總裁的時刻，才發現時間已經過數十年，他的小孩已經長大，他的父親已經逝去，而他甚至不記得這些過往是在何時發生的。

　　而後他才明白，當他「自動導航」地快轉他的人生時，雖然獲得了尊嚴與榮耀，但是在他回顧生命中的每一個片段時，每一分鐘都是酸苦的滋味，因為他雖然度過了那些日子，卻從不曾真正過日子，不曾細心體會和他重要的人共處的時光。

　　假如一個人一生有七十年的光陰可活，結果一步便從一歲跨到七十歲，即使有人告訴你這一生你獲得了世上最高的榮譽、

最多的財富……，你也很難感到快樂，並以自己爲傲。

　　就結果論而言，你是這個世界上最富足的人，但是，下一步你即將步入死亡，即使你「曾」是最富足的人那又如何？

　　因爲你一刻鐘也未曾享受過你獲得的富足生活。

　　只會賺錢不會花錢的人，稱不上富有；能享受每一段賺錢和花錢時光的人，才是真正的富足。財富是我們人生旅途上的一大工具，可以使我們的旅程順暢、舒適，但假使你只擁有而不使用，財富豈不成了另一種累贅？

　　放慢你我的腳步，逐步前進，一面獲取我們辛勤的成果，一面欣賞身邊的風光景色，徐徐而行，才不枉此生。

　　陶淵明的詩說得最貼切：「采菊東籬下，悠然見南山。」少了那一股悠然，收成只是一個換取現金的苦差事罷了。

心境決定你的處境

　　既會花錢，又會賺錢的人，是最幸福的人，因為他享受兩種快樂。
　　　　　　　　　　　　　　　　　　　　　——約翰遜

計劃永遠趕不上變化

> 當你發現計劃進行到最後，總是被徹底打亂，可以暫時放空自己的腦袋，有時候反而可以獲得意想不到的收穫。

多數人做事習慣要有計劃，能夠照章行事、照表操課，才會覺得安心、安全，也才有繼續前進的勇氣。

但是有一句話說：「計劃永遠趕不上變化。」

不論我們完成了什麼樣的計劃，都要有不能順利依照計劃行事的心理準備。

假使我們不能因應變化，適時調整計劃的方向與節奏，勢必得面對結果「不如預期」的挫折感。

既然如此，何不輕鬆一點來看待，在訂定計劃時，只要先把大方向定下來，不要太拘泥於細節上的做法。說得簡單一點，就是 A 計劃行不通時，派 B 計劃上場，就是如此而已。

當你發現每一個計劃進行到最後，總是被徹底打亂，又或者行動與計劃南轅北轍時，可以試著放棄執行原訂計劃。

暫時放空自己的腦袋，完全依隨事情的發展做反應，相信自己的直覺，有時候反而可以獲得意想不到的收穫。

比方說，你受命到一座深山裡拜訪一位高人，可是事前再

三聯絡、確定路程，半路還是出了差錯，結果你遲到了，高人也果然外出，壓根不打算等你，讓你的大隊人馬撲了個空，無可奈何的情況下，你只能放其他的人先行下山，而你則暫留下來等高人回來。

就在你等得無聊，流連起周遭景色，忍不住沿著屋後小徑漫步而去時，竟然發現，不遠處的小果園裡，高人就在園裡散步！這樣的結果不就是驚喜？

賈島有詩云：「松下問童子，言師採藥去，只在此山中，雲深不知處。」

乍聽之下，這似乎是一個相期不遇的遺憾，其實放寬心一想，說不定會產生一段偶然而遇的驚喜。

心境決定你的處境

獲得幸福的秘訣，並不在為了追求快樂而全力以赴，而是在全力以赴中尋出快樂。　　　　——紀德

把腦袋放空，通常會有想不到的發現

> 偶爾給自己一個自由的放空期，可以幫助我
> 們驅散煩悶，也可以讓我們重整自己的腦
> 袋，說不定很多問題就能迎刃而解。

現代人總是生活忙碌、緊張，腦袋裡隨時裝滿一堆計劃，手邊的事情還沒做完，就想著下一步要做什麼。

是否還記得，無所事事是什麼樣的滋味？

寫作《湖濱散記》的美國作家梭羅聲稱隨心所欲地漫步兩三個小時，往往能夠將人導引至「意外的陌生國度」。

或許，這種「遊蕩」的感覺，就是一張通往心靈國度的通行證，讓我們原本繁雜的心漸漸沉澱放空，讓我們得以釐清煩亂我心的癥結究竟何在，然後釋放一切紛亂的情緒。

想像一下，你穿妥了鞋，走出家門，沿著路走，遇到轉角就轉彎，如此閒適地走上二、三十分鐘，最後你會走到哪裡？

放心，你不會迷路，你還在你家附近，你是否發現了有些巷弄是你從來未曾走過的？有些房舍、店舖是你從來沒有見過的？

找一家你沒去過的茶館、咖啡店，推開門，進去坐一下，喝杯飲料，品味一下這個你初次嚐到的味道，是和你平常慣飲

的風味相當，還是別具一格，抑或是你從來沒喝過這麼難喝的東西？

　　不論如何，在這一趟漫步的旅程中，你都給了自己的舌頭一趟趣味的冒險，給了腦袋一段難得的放鬆，也給了你的身軀一回輕微的運動，不也算是人生中一段小小的收穫嗎？

　　好吧，如果你真的迷路了，問問店家你家前面的那條大馬路怎麼走，或許你又會有另一番新發現。

　　偶爾給自己一個自由又無壓力的放空期，可以幫助我們驅散一切煩悶和不快，也可以讓我們重整自己的腦袋，說不定很多原本百思不得其解的問題都將豁然開朗，立刻迎刃而解。

心境決定你的處境

人之所以要旅行，不是為了抵達目的地，而是為了享受旅途中的種種樂趣。　　　　　　　　——歌德

不要用變相增壓的方式來減壓

> 如果你紓解壓力的方式不曾使你感覺神清氣
> 爽，請立刻停止這種做法，以免解壓不成，
> 反而更添壓力。

　　為了紓解壓力，很多人借助外力來完成，比方說瑜珈、水療……等，給自己一個休息的時間與空間。

　　也有人透過煙、酒等器物麻痺自己緊繃的神經，企圖達到放鬆的效果，但是過度依賴的結果，通常是壓力不除反而倍增。

　　以酒做例子，很多日本上班族下班之後，常常會一票人到居酒屋、小酒館、路邊攤小酌幾杯，一方面感受酒精滑落喉頭的快感，一方面可以藉酒裝瘋一起痛批狂罵自己的上司主管，把白天在辦公室裡積壓的怨氣和不滿，一股腦全部傾倒出來。

　　而後，搖晃蹣跚的腳步和昏沉醺然的腦袋，可以讓他們一回到家倒頭就睡，等到第二天一早再沖個冷水澡，振奮精神，趕走偏頭痛，然後再度進入辦公室中蓄積壓力。

　　或許這對某些人來說，是很受用的紓壓方式。

　　但是，不可否認的，這也是很傷身的方式，更進一步來說，有時我們以為成功減壓了，但其實只是變相增壓罷了。

　　畢竟，剛學喝酒的人，總是幾杯就有醺然的感受，一旦喝

多了，下次要再得到同樣的感覺，就可能得多喝幾杯，最後喝醉了，又暈又吐的，反而讓原本疲累的身體更加難受。

　　第二天到工作場所上，由於前一晚並沒有讓身體好好休息，自然在工作時精神更加萎靡，也更容易招致上司責難，對於工作又產生更多不滿，只好再去喝酒「紓壓」，結果只是惡性循環罷了。

　　如果你紓解壓力的方式不曾使你感覺神清氣爽，請立刻停止這種做法，以免解壓不成，反而更添壓力。

心境決定你的處境

身體必須要有精力，才能聽從精神的支配。

──盧梭

用對方法，才能真正紓解壓力

> 為了排解不愉快的感覺，我們不得不找尋出自
> 己適合的紓壓管道，採用適合自己的方法。

　　從許多醫學文獻來看，現代人的生活壓力比起古人，恐怕
大上許多。這個現象總不免令人好奇。

　　現今的社會中物質條件比起過往，已是大量進步。

　　飲用水乾淨，烹煮食物的工具便利，料理的方法也多元變
化，每個人可以找到自己擅長的工作，可以搭配屬於自己的個
性穿著，可以選擇自己想要居住的場所，有許許多多的休閒娛
樂設施……。

　　現代人不必耗費生命中大部分時間，去處理食衣住行等基
本的生活條件，因此不論怎麼看，現代人的生活都應該過得更
好，而不是更苦悶。

　　可是，事實證明，外在的物質條件並不能確保人的心靈富
足，對衣食無虞的現代人而言，精神上的壓力反而更大，益發
不快樂。

　　羅馬哲學家奧里略說過：「你的煩惱完全取決於你的態度。
你一旦改變態度，就會像船隻駛入港口一樣尋得平靜。一切事

物都會變得平安而穩固，就像個不受風暴影響的平靜港口，讓你享有祥和寧靜。」

　　生活上產生的很多煩躁、憤懣感，確實是因為一時想不開造成的。如果能夠轉換角度去思考，改變心境去面對，說不定問題根本就不是問題，壓力也就不成壓力了。

　　生活中總有許多不順遂之處，這些不順遂的感覺就會造成心理壓力，為了排解這些不愉快的感覺，我們不得不找尋出自己適合的紓壓管道。只是，想要真正解壓還是要用對方法，要採用適合自己的方法。

　　當然，方法有很多種，在決定之前何妨先判斷一下什麼是真的讓自己覺得快樂的事，而什麼只是讓自己以為自己快樂，如此便能夠找到真正適合自己的方法，輕鬆解除壓力。

心境決定你的處境

過度的飽食有傷胃口，毫無節制的放縱，結果會使人失去了自由。

——莎士比亞

你為何無法擁有「完美人生」？

> 我們不是無法擁有一個完美的人生，而是我們忘了為自己的人生感到知足。

　　不知從什麼時候開始，幸福成了每個人必須追求的目標，很多人和我們分享幸福的經驗，告訴我們什麼樣子的生活是幸福的。

　　於是，我們也在心裡畫了一幅又一幅美麗的風景：溫暖的家必有小橋、流水，西裝畢挺事業有成的丈夫，賢慧可人又擅於廚藝的妻子，活潑可愛又聰明伶俐的小孩，前院有青翠的草皮，上頭有跑來跳去的寵物，後院有鞦韆、搖椅和美麗的花園⋯⋯，告訴自己那才是人生的幸福。

　　可是，很多人都發現，夢想中的幸福美景距離好遙遠，看起來越令人流連忘返的想像，越是沒有達成的可能。

　　他們說，現實人生根本找不到相伴一生的靈魂伴侶。

　　雖然有屬於自己的房子，但是位在車水馬龍的都市叢林裡；丈夫或許西裝畢挺，但距離事業有成還有一大段距離；妻子的廚藝還不錯，卻越來越像黃臉婆；小孩雖然活潑有餘，但吵得讓人抓狂；飼養的寵物還來不及教會牠各種雜技表演，就因為

必須每日為牠清潔打掃而煩得受不了。

　　難道我們註定一生沒有辦法得到幸福嗎？

　　我們什麼時候才能有一個完美的人生？

　　既然我們無法擁有一個自己想像中的「完美人生」，那麼不妨換個角度告訴自己，任何人都有優點也有缺點，這些長短處相加起來的總合，才是現實中真正的「完美人生」。

　　因此，我們不是無法擁有一個完美的人生，而是我們忘了為自己的人生感到知足；我們只看到我們不完美的一面，卻忽略了那些不完美都是我們不願放棄的一切。

　　我當們感嘆自己的人生不完美時，不妨想想泰戈爾說過的：「幸福這東西像星星一樣，黑暗是遮不住它們的，總會有空隙可尋。」

　　只要知足，人生就會幸福。

心境決定你的處境

　　正是由於我們力圖增加我們的幸福，才使我們的幸福變成了痛苦。

　　　　　　　　　　　　　　　　　　——盧梭

幸福就在我們的心裡

> 真正的幸福應該在於你我的心裡，只要我們
> 覺得這樣的做法愉快，這樣的環境開心，我
> 們就營造了彼此的幸福。

很多人在買房子的時候，都會把樣品屋或廣告文宣上的美景投射在自己身上，想像自己一旦買下這樣的屋子，就能夠有像 DM 上美好的生活。

可是，有朝一日真的買了樓、住了進去，即使是附贈裝潢得像樣品屋一樣的傢俱擺設，沒多久也還是變成自己的另一間狗屋。

別忘了，樣品屋是沒有人住的，樣品屋是有人打掃清理的，樣品屋是用燈光效果營造出來的。

除非你是個擺設的假人，否則人是無法在樣品屋裡生活的。

或者該說，有人生活的樣品屋就不再是樣品屋了。

一絲不苟的床單、一塵不染的地板……，當你置身其中時，想像起來很美好，但除非你不睡不走，否則勢必會有使用過的痕跡。然而，那股雜亂感才是一個人存在的證據。

當我們愛那個住處，願意把它弄亂，再把它清理整潔，這個住處才算和我們相互融合，才算是真正屬於我們人生的一部

分，才稱得上是我們的避風港，置身其中也才能感到安心。

反過來想想，當一個人在家裡也無法自在而行，那麼時時拘束緊繃的我們豈不是永遠也快樂不起來了？又何來幸福之有？

奧尼爾說：「幸福就像夕陽——人人都可以看見，但多數人的眼睛卻望向別的地方，因而錯過了機會。」

真正的幸福應該在於你我的心裡，只要我們覺得這樣的做法愉快，這樣的環境開心，我們就營造了彼此的幸福。

假使你覺得和心愛的人相守是幸福，你們能在一起就是幸福。

假使你覺得一家人能和樂共餐是幸福，當你和家人在假日一同上小館好好吃一頓的時候就是幸福。

唯有認定自己是幸福的人，才是真正的幸福。

心境決定你的處境

當你能夠感覺你願意感覺的，能夠說出你所感覺到的，這是非常幸福的時刻。　　　　　　　——塔西托

04.
PART

先培養實力，
才能展現創意

有實力、有創意，表現自然可以加分；

但是徒具創意卻毫無做法，

就像是只繡花草包，中看不中用。

只要把握機會，你也能成為英雄

> 機會是給資源多的人拿的，你能不能善用每一次的機會成就自己，將會連帶影響到你是否能為自己帶來更多的機會。

隨著畢業的季節來到，無數的履歷郵件在各個公司、各個單位來來去去，有些履歷奏了效，有些則如石沉大海，你不知道到底是你沒有被看到，還是他們覺得你做不到。

懷才不遇的感受，對人的打擊比品嚐失敗更為劇烈，因為連嘗試的機會都沒有，要人如何能心甘情願地坦承失敗？

然而，機會並不是光是等待就能夠擁有的，得先自己去找尋機會。為了幫助自己找尋更多的機會，我們必須投資自己，為自己創造出更高的價值。

記得曾經看過一部電影，電影中的男主角對朋友說：「你知道嗎？有人說機會整天在你頭上飛來飛去，你得想辦法跳起來抓住機會，有時候你抓得到，有時候你抓不到。可是，如果你找來一張凳子墊腳，那機會就會朝你的頭上啪啪啪地砸過來。」

不知道有沒有人想嘗試看看被機會狂砸的感受？

不過，這段話說明了一件事：機會是給資源多的人拿的，

你能不能善用每一次的機會成就自己，提升自己的實力與位階，獲取更多的資源，將會連帶影響到你是否能爲自己帶來更多的機會。

有句話說：「英雄不怕出身低。」這是因爲能阻礙英雄出路的，並不是一個人的出身，而是一個人有沒有足夠成爲英雄的條件。

英雄，要能夠有明辨機會的直覺和眼光，要有爭奪機會的能耐和實力，要有掌控機會的決心與毅力。

當天時、地利、人和時，自然就造就了英雄。

就算原本在最低的底層，英雄也有辦法從低層站起，一步一步往上爬，終至登上高峰。

心境決定你的處境

機會不會上門找人，只有人去找機會。

——狄更斯

如何比別人看到更多機會

假使你能夠明瞭自己的優勢與罩門，就能夠
善用你的優勢增加的勝率，也能夠為你的罩
門做好積極的防護。

有些人可能會如此抱怨：「我明明一點也不比別人差，為
什麼卻老是得不到應有的回報？」

這樣的觀點，可能暗示了兩個答案。

一個是，這個人可能真的具有相當優秀的實力，只是不懂
如何將自己的才華展現出來，所以沒有機會被人看見。

另一個則是，這個人完全不清楚自己的特質，也看不見自
己的缺點，只看得見別人對他的忽略。

就前者而言，只要他真的相當優秀，也確實在他的能力範
圍內盡力而為，總會有人看得見他，總會有伯樂識得他的才幹。

畢竟一個真正優秀的人，是不可能永遠被埋沒的，就算當
代沒有伯樂，未來也總有人能發現他遺留的光華。

然而，就後者而言，這樣的人可能對自己太過寬待了。

假使他從不思索自己有什麼缺點，又不能夠欣賞他人的優
點，恐怕永遠也不可能有所成長，自然也永遠無法得到他所想
要的回報。

　　這種人就像羅曼・羅蘭說的：「如果有人錯過機會，多半不是機會沒有到來，而是因為等待機會者沒有看見機會到來，沒有一伸手就抓住它。」

　　假使你能夠明瞭自己的優勢與罩門，就能夠善用你的優勢增加勝率，也能夠為你的罩門做好積極的防護。

　　當你強壯了自己，就好像為自己製作了一張墊腳的凳子一樣，你將比那些站在地上的人看到更多的機會，也將能更輕易地獲得機會。

　　想要改變未來，就必須先改變現在；想要改變處境，就必須先改變自己的心境；想讓自己活得更耀眼，比別人獲得更多機會，就必須認真找出自己的特質，思索自己的人生要往哪個方向走。

　　為自己規劃一張英雄的藍圖，你就能成為英雄。

心境決定你的處境

要成為一個偉人，就應懂得利用所有的機會。

——拉羅什福科

謙卑是面對人生必備的態度

面對他人的請求，如果不願意伸出援手，大
可婉轉拒絕，無須擺出張狂態度，如此才不
會傷害到別人的自尊心。

有一家工廠購買了一台新式的機器，順便更新部分廠房設
備與生產線，然後淘汰了一批年紀大的員工，聘僱一些薪資較
低的年輕員工來工作。

結果，生產線運作沒多久，突然發生問題，使得整條生產
線都停頓了下來。技術人員和維修人員檢查又檢查，就是找不
出問題所在，於是有人提議請以前的老師傅回來看看有沒有什
麼解決的辦法。

年輕的技術人員聽了頗為不悅，不屑地否定說：「我就不
信那些老傢伙能有什麼好的意見。」

想不到，老師傅來了，竟然只挪動了幾個小螺絲，就讓本
來動也不動的機器開始動作。一時間所有人大聲歡呼，只有那
名年輕的技術人員，滿是不可思議的表情，吶吶地說：「想不
到竟然這樣就好了。」

老師傅說：「是啊！這很簡單，你和我的差異，不過就是
我知道，而你不知道罷了。」說完笑一笑就走了。

年輕人一時間羞紅了臉，尷尬得不知所措。

有一句話是這麼說的：「我們與人相處時最容易讓他人接受的，並不是一個人的知識或見識，而是那個人的良好態度。」

因此當我們有求於人的時候，雖然不一定要卑躬屈膝，但至少應該保持一定謙卑的態度，誠懇地向人請教，如此才有可能得到對方的回應。

倘若仍是一副高高在上的樣子，好似還要對方拜託你的那種態度，想必一定會狠狠地吃上一大碗閉門羹吧！

除此之外，給予人忠告的時候，也同樣要注意到態度的問題，假使總是披掛著盛氣凌人的皮相，或者老是讓人得苦苦哀求、低聲下氣，對方除非真的非求你不可，否則必然不會甘心如此受你侮辱，更可能懷恨在心。

面對他人的請求，如果不願意伸出援手，大可婉轉拒絕，無須擺出「不然你求我」的張狂態度，如此才不會傷害到別人的自尊心，徒生是非。

心境決定你的處境

蜜蜂從花中啜蜜，離開時嚶嚶道謝，浮華的蝴蝶卻相信是花應向它道謝。
　　　　　　　　　　　　　　——泰戈爾

先培養實力，才能展現創意

有實力、有創意，表現自然可以加分；但是
徒具創意卻毫無做法，就像是只繡花草包，
中看不中用。

有一句老話說：「萬丈高樓平地起。」雖然是老生常談的話語，但卻是無庸置疑的人生道理。

如果不能穩穩地踏在地上，又怎麼可能站得穩？同樣的，做任何事未曾打好根基，就很容易陷入飄搖的狀態。就算在遊樂園裡的各項飛車、自由落體、摩天輪等高空遊戲，也需要有強韌紮實的支柱支撐，否則大家又怎麼能夠放心且安心地玩呢？

飛得再高也總有落地的一刻，如果不能安全降落，又怎麼能夠順利進行下一次的飛行？

在工作職場上，很少人一開始就完全熟稔工作事務，即使是同一個領域中相同的職位，在不同公司裡，也可能有完全不同的做法。一旦進入一個新環境，任誰都得重新適應新的企業文化。

然而，有一點卻是拉開競爭力的重要因素，就是基礎打得越厚實的人，越能夠快速學習，因應各種職務內容的變化。

職場上的競爭，比起人生其他的場合都來得激烈，實力往

往代表一切。有實力、有創意，表現自然可以加分；有實力但創意稍嫌不足，至少也是中規中矩；但是徒具創意卻毫無做法，就像是只繡花草包，中看不中用，乍看之下令人驚艷，但仔細再看，卻不免感到失望。

競爭是在比賽之前就開始了，很多比賽都有基本的評量標準，必須超過某一個標準之後，才有參與比賽的資格。

像是日本料理師父的比賽，可能就會事先考驗刀工和對日本料理的常識，唯有成功通過前測的人，才有機會參與最後的創意製作。

因此，假使你有無限創意，可是基本功並不紮實，很有可能提前落馬，失去進入比賽的資格。

不管是哪個領域，都有基本功得鍛鍊，輕忽了這一段努力，一味以花俏的手法嘩眾取寵，只是一種華而不實的作為，很難禁得起考驗。

所以，記得先為自己的實力紮根，奠定了足夠的基礎，才有機會和別人一較長短，我們的創意才能真正實現出來，而不是空口白話的妄想。

心境決定你的處境

在生命的尋常事務裡，勤奮可以使你做到任何天才所能做到的事，以及許許多多他所做不到的事。

——亨利‧華德‧畢屈

只要你看得見，你就到得了

築夢踏實的過程中，沒有人能逼迫我們，一切都得是自己的意願，一切都得靠自己努力。

不管是誰，都一定有夢想。

夢想成真的剎那，心中必然喜悅滿溢，哪怕這個夢想是成為百萬富翁，或者只是在寒冬的夜裡吃一碗熱呼呼的麵。

有夢想的人看起來精力十足，一步一步朝夢想前進的人，總是滿懷熱情與希望，勇敢地面對前方的種種難關。

人生有夢，希望無窮。

不管是再大、再誇張的夢想，抑或是再小、再微不足道的夢想，都是我們生命中很重要的動力燃爐，為我們燃起熱力與希望，使我們即使在困頓中也能昂首前行。

美夢成真，是每一個人都渴望的，但如何讓自己的美夢得以成真，就看個人的決心而論了。

假使你的夢想是成為百萬富翁，真的完全做不到嗎？

不是的，想致富一定有方法可以達成，只是你可能必須付出自己不一定能承擔的代價。

總之，方法一定存在，只是進不進行，決定權在自己。

羅伯特也這麼說：「很難說什麼是辦不到的事情，因為昨天的夢想，可以是今天的希望，並且還可以成為明天的現實。」

依照自己設計好的藍圖，一步一步構築夢想的框架，一點一滴填補踏實，夢想成真的可能性便越來越高。

築夢踏實的過程中，沒有人能逼迫我們，一切都得是自己的意願，一切都得靠自己努力。

前進的路始終在眼前，即使有落石、有斷崖，也不要因害怕而停下腳步只要你看得見前方的路，你就到得了那裡。

心境決定你的處境

希望是戀人的手杖，帶著它前行，可以對抗自覺的絕望的思想。
　　　　　　　　　　　　　　　　　　——莎士比亞

只要想做，就一定做得到

> 想做的話，什麼事都一定可以做到，而且在
> 成就夢想的同時，也可以得到許多意外的回
> 饋與收穫。

　　懷抱理想是人的生命中最不可或缺的事，理想是人們前進的方向，有理想才有前途可言。

　　我們必須努力，才能實現理想。如果沒有這樣的鬥志，對現實就會感到失望，對前途也會失去信心。

　　假設你的夢想是考上第一學府，而且發誓一定要做到，那你一定做得到的，反正今年考不上明年再考，明年考不上後年再考……。

　　假使這是你的唯一目的，那你總能達成的，只要消逝的時間光陰、財力精力的付出，都讓你覺得值得划算就好。

　　事實上，很多的時候我們的夢想之所以不能達成，是因為我們自己的心早已改變了方向。

　　很多時候，儘管我們渴望享受美夢成真的愉悅，卻不願意有所犧牲，所以只能擱置現況。

　　幸好，夢想並不小氣，不會因為你的停歇而消失不見。只要你心存夢想，這股內在的動力就依然存在，即使距離夢想還

十分遙遠，仍然可以在逼近夢想的途中獲取更多寶藏。

　　想做的話，什麼事都一定可以做到，而且在成就夢想的同時，也可以得到許多意外的回饋與收穫。

　　相信自己的決心，相信自己的毅力，相信自己的夢想。我們的旅程即使走得坎坷，也能體會抵達夢想之都時，那碗希望之泉的甘甜滋味。

　　如果在途中轉了彎，你看到的將會是另一番風景，如果在阻礙之前停下腳步，那麼，前方之路你永遠抵達不了，尋夢的旅程便將就此終止，而目標也成了夢幻的泡影。

心境決定你的處境

為了一個偉大的神聖目的，去千方百計、歷盡艱辛地奮鬥，是完全值得的。

——狄更斯

浪費眼前的時間，就等於浪費生命

英國十七世紀知名的政治家查斯特菲爾德伯爵，曾經嚴肅地告誡他的兒子：「浪費眼前的時間，會鑄成一生的後悔！」

俄國文豪托爾斯泰曾在著作中寫道：「記住吧，只有一個時間是重要的，那就是現在！它所以重要，是因為它是我們唯一有所作為的時間。」

時間的鐘擺不停地擺動，隨著指針一點一點前進，每一步都宣告了逝去的時間難以再回。

可是，我們沒有太多的時間可以追悔，我們不能太過頻繁地回首凝望，因為，一旦回顧太久，就會錯失更多時間。

期許世人珍惜光陰、把握生命的格言太多，但是知道是一回事，懂得如何去做又是另一回事。

假使光說不練，非但那段說話的時間沒有被妥善運用，說完的成效也無法呼應那段時間的耗費，無疑是一種嚴重的浪費。

如果只是空談而無實際的行動，那麼所說的一切都只能算是廢話，別把廢話說得理所當然。

可以的話，那些裝飾過度的漂亮話也可以省去，把時間紮紮實實地運用在實際的計劃和執行上，才是最好的做法。

　　英國十七世紀知名的政治家查斯特菲爾德伯爵，曾經嚴肅地告誡他的兒子：「浪費眼前的時間，會鑄成一生的後悔！」

　　這句話說得鏗鏘有力，令人猛然從迷夢中覺醒。

　　如果我們不知道在這一段時間裡我們做了什麼，又為什麼要這麼做，那麼這一段空茫的時間能為我們帶來什麼？

　　人的一生不過短短數十年，雖然來的時候不是由我們決定，難道去的時候我們就有權置喙？

　　事實上，我們唯一能夠把握的，就是在來與去之間，想盡辦法讓自己發光發熱，如此才不枉此生。

心境決定你的處境

今天太寶貴，不應為酸苦和辛澀的悔恨所銷蝕。把下巴抬高，使思想煥發出光彩，像春陽下跳躍的山泉。抓住今天，它不再回來。　　　　　　——卡內基

如何讓閱讀變成悅讀

> 在好奇心驅使下或是在各種需求下打開了一
> 本書，一些問題被解決，又產生了更多令人
> 感興趣的想法，這才是閱讀的樂趣。

　　戴爾‧卡內基在《心靈的成熟》中曾說：「通過書籍，我
們能跟一些最偉大的心靈做個人的接觸。只有通過書籍，我們
才能往來古今，擺脫時間和空間的限制，活在心靈創造的三度
空間裡。」

　　但遺憾的是，許多人一直把閱讀當成苦事。

　　學生時代，我們總覺得課業的壓力奇重無比，對於每天得
花費八、九個小時的時間待在學校裡這件事，總是特別容易覺
得厭煩。

　　倘若加上補習和準備考試的時間，幾乎整天都在讀書了，
但是，卻總覺得什麼書也沒讀進去，更別談增長了多少知識、
學問。彷彿只要把時間耗完，也就算交差了事。

　　然而，離開校園之後回想起來，才真切地覺察到，原來，
人的一生中，也只有在學生時代才能夠合理又合法地全天讀書，
不會有其他雜事雜務勞煩，中斷自己的閱讀。

　　可惜，人總是如此，總是要到了事過境遷了以後才感慨不

已，但又能如何，又改變得了什麼呢？

　　仔細思量起來，學生時代之所以會為讀書感到煩惱，主要的原因就在於，我們並不能覺悟讀書是為了自己而讀，儘管別人一再訴說書讀得好有多少好處，我們也無法了解。

　　那種為了配合他人期望而不得不為的感受，讓我們起了抗拒心，連帶地也遷怒了我們正在閱讀的書。

　　當有一天，因為受到好奇心的驅使，或是在有所需求的情況下主動打開了一本書，讀著讀著，讀到了一些線索，讀出了許多意思，讀著讀著似乎整件事變得有趣起來了，而且掩卷之後，一些問題被解決，又產生了更多令人感興趣的想法，於是又忍不住再度打開一本書。

　　到了這個境界才能享受到讀書的樂趣，這才是閱讀的意義。唯有這個時候的閱讀，各種知識才能順利內化進我們的心裡。

心境決定你的處境

　　生活的全部意義在於無窮地探索尚未知道的東西，在於不斷地增加更多的知識。　　　　　　——左拉

找到屬於自己閱讀的樂趣

你自己找尋出閱讀的意義，慎思自己究竟為了什麼要讀，而後，你就能找到屬於自己的閱讀方法和樂趣。

如果一個人純粹只是為了讀書而讀書，以及為不得不讀而讀，就已經喪失了求知的快樂。

因為原先根本一點興趣也沒有，接觸了以後又有既定的進度要讀，還有各式各樣的評核和測驗，記得的又好像全是些無關緊要的部分，為了能順利應付考試，只好挑選容易考的地方死記硬背，反正考完就算了。

這種支離破碎的閱讀，得到的，不是知識的累積，而是混亂的片斷和莫名所以的道理。

從中習得的學問當然來得快去也快，都還沒等到考試時間，就早已遺忘得差不多了。

如此的閱讀過程必然充滿沮喪，什麼樂趣都化為烏有。

知識以文字的形式積累在書本上，本來是一項絕佳的工具與媒介，帶領我們前往先哲前輩的殿堂，承接他們以生命煉製而成的智慧之果。

然而，當書本只剩下教育和強迫學習的目的之時，我們便

再也品嚐不到那智慧之果的甜美，也嗅聞不到半點香氣。

　　或許，正因為我們不是因為覺察到它的好而被吸引過來，而是被硬塞到嘴裡，於是舌頭便失去了功能，不管吞進去或吐出來，都沒有半點味道。

　　囫圇吞棗，結果當然很糟！

　　正如同托爾斯泰說過的：「知識，只有當它以積極的思維得來，而不是憑記憶得來的時候，才是真正的知識。」

　　如果想體會求知的快樂，就必須細細品味各種學問的精妙處。最重要的是，得為自己找尋出閱讀的意義，慎思自己究竟為了什麼要讀，而後，你就能找到屬於自己的閱讀方法和樂趣。

心境決定你的處境

每個知道讀書方法的人，都有一種力量可以把他自己放大，豐富他的生活方式，使他的一生內容充實，富有意義而具興味。

　　　　　　　　　　　　　　　　　　──莫洛亞

不肯放棄，人生才會美麗

放棄，很容易。

放棄成功，只是一念之間而已，

在你說「我做不到」的片刻，

成功已經向你揮手道別。

吵架根本無法解決問題

> 想要在平靜無波的池水中點火是不可能的，
> 只要有一方能夠保持謙遜守禮的態度，架就
> 很難吵得起來。

　　毛姆說過：「生活中無論什麼事都和別人息息相關，要想只為自己，孤零零地一個人活下去，是個十分荒謬的想法。」

　　然而，卻有許多人以為自己可以靠自己生活，處處與他人發生爭執。

　　他們明明可以在爭端開始之前，選擇避開，卻不願迴避，彷彿誰先避誰就認輸，誰就是膽小鬼。

　　但是，如果明明沒勝算，卻又不懂迴避，難道要把自己送上死路？就算兩軍旗鼓相當，硬碰硬的結果也是誰都沒好處，何必呢？

　　假使情況真的難以避開，這時就要考驗個人的定性與機智了。此時最簡單的做法就是別說話，別自亂陣腳，先看對方怎麼反應再說。

　　萬一對方也忍住脾氣，那麼敵不動、我不動，就當一次無形的握手言和。

　　萬一對方出言挑釁，那麼你樂得藉此表現自己的泱泱氣度，

別與對方一般見識，對方表現得越囂張，就越顯得幼稚，形象自然會受到打擊，完全不用你的反擊。

假使你也實在沉不住氣，最好練就一番幽默與機智的口才，然後鍛鍊好自己的體魄，以免口頭上吃了虧，打架也沒勝算，那就沒戲唱了。

只不過，人與人之間的相處，總是得設法和諧勝過齟齬爭吵，因為每爭吵一次必會產生新的裂痕，日後即使想修補也總會有疙瘩存在，實在是不必要做這麼吃力又不討好的事。

所以，磨練一下自己的脾氣與耐心，讓自己不會輕易受激，畢竟想要在平靜無波的池水中點火是不可能的，只要有一方能夠保持謙遜守禮的態度，架就很難吵得起來。

爭吵無法解決問題，在兩人之間代入空間和時間之後，原本劍拔弩張的局面也就得以緩和。

心境決定你的處境

隱忍不怒的人，勝於勇者；修己治心的人，勝於攻城掠池的將領。
——《舊約全書》

不要拿別人的缺點開玩笑

如果不能將幽默高尚化，只會胡亂使用低
俗、損人的玩笑，非但不能展現自己的機
智，更可能減損了自己的格調。

　　有些人可能是爲了要討好他人或玩笑取樂，很喜歡在聚會
之中以模仿特定人物當作遊戲，並藉此炒熱氣氛。

　　一個人最容易被模仿的，就是自己最常表現出來的形象，
以及不經意中流露出來的神情，這些我們自己都看不到，但是
周遭的人卻看得很清楚。

　　一旦被人當成模仿秀的內容表演出來，就好像透過鏡子看
見自己的醜態卻無能爲力一樣難堪。

　　當被模仿的人覺得不忍卒睹的時候，旁人卻因爲意會而哄
堂大笑，他們笑得越大聲，意謂著模仿者的表演內容越像，被
模仿者也就會越覺得難堪羞愧。但這類模仿好笑嗎？

　　如果你是被模仿的人，一定覺得一點也不好笑，即使在現
場不得不強顏歡笑表示寬容大方，心裡卻很受傷。

　　反過來想，假使你是那名模仿取樂的人，是否想過會在博
得歡樂笑聲的同時，也爲自己埋下潛藏敵人的危機呢？

　　一個可以接受誠懇見解的人，不見得就能夠容忍自己成爲

滑稽表演的嘲笑對象，不管有沒有惡意都一樣。

當你的表演一進行，就表示你對那個人的行為提出了批評、評論，而且很容易傾向負面的評價。試問有誰真的能夠虛心、坦然接受批評和嘲笑，而不會感到不自在呢？

你讓自己成為一名丑角，卻又樹立了無形的敵人，對你又有什麼好處？在你取笑別人的背後，別人是不是也同樣在取笑你呢？

幽默和歡笑確實可以為生活注入活化劑，但是，如果不能將幽默高尚化，只會胡亂使用低俗、損人的玩笑，非但不能展現自己的機智，更可能減損了自己的格調。

心境決定你的處境

沒有一個人有權要求別人去做他自己所不做的事。

——盧梭

如何「玩」美你的人生

> 把原本令人難以呼吸的念頭強迫隔離，重新
> 置換完全不同的思考邏輯，可以幫助我們有
> 了再度努力與嘗試的欲望。

　　金錢對人類的生活很重要，但並不表示我們累積了大量的
金錢就能夠盡情享受，獲得快樂。

　　一個人如果過分追求吃喝玩樂，那麼他所追求的東西難免
有一天要成為沉重的負擔，使自己深陷泥潭不能自拔。

　　一個天天只懂得賺錢卻不懂得用錢的人，必定不會感到快
樂，因為他只看見自己金錢上的匱乏，卻不曾看出自己擁有的
富足。

　　遊玩，是體驗人生的一環，把自己辛苦所得，耗費在自我
的快樂之上，不也是一種甜美的體會嗎？

　　和朋友相約到郊外踏青，既已身處青山綠水之中，就放心
也放鬆地讓自己置身於自然之中，將煩人的惱事暫時擱置，相
信一定能讓原本緊繃的心緒獲得一部分的紓解。

　　投入一場極限遊戲，享受瞬間的快感與刺激，再大的事情
也會變得微不足道，在彼此競爭的過程中，盡享競賽的樂趣。

　　這些都是遊玩的功能與功用，讓我們抽離原本厭煩的環境，

置身於另一種截然不同的情境，如此，便能在回歸自然的過程中，重新匯聚力量，重新獲得面對生命興味。

　　這個道理就好像詩人席慕蓉說過的：「人生像攀登一座山，而找尋出路卻是一種學習過程。我們應當在這過程中學習篤定、冷靜，學習如何從慌亂中找到生機。」

　　把原本令人難以呼吸、幾近窒息的念頭強迫隔離，重新置換完全不同的思考邏輯，可以幫助我們調整神經緊繃，進而有了再度努力與嘗試的欲望，使人生過得更美好。

心境決定你的處境

人生是由需要到需要的過程，而不是由享受至享受的階段。
　　　　　　　　　　　　　　　　　　——約翰遜

盡力工作也要盡情玩樂

> 想要真切體會人生，就要在工作時盡力工作，在遊玩時盡情遊玩，讓自己保持在最有活力的情況下，體會人生的各種滋味。

現代人總是辛勤工作著，適度放鬆是必要的。工作之餘的享樂並非意謂著奢華的開銷，有時候即使在有限的時間與空間裡，也能夠讓自己獲得「忙裡偷閒」的樂趣。

比如，忙一整天之後，打盆熱水，倒一點芳香精油，泡泡腳，讓自己的心靈放空，享受片刻的寧靜與閒適，其實就已經足夠了。

雖然，十五分鐘過後，你還得勞動四肢倒水、清洗盆子，而後也許還需再度回到原本的工作崗位或進行另一波忙碌的工作，但是光光那十五分鐘的休息，就能夠讓你恢復不少的精力，甚至比一回家連衣服鞋子都不換便倒在床上昏迷來得有恢復力。

什麼事做多了、做久了，都會產生疲乏。

一個時時刻刻都在工作的人，必定會漸漸察覺自己的敏銳度和積極度都在慢慢鈍化之中；而一個天天玩樂的傢伙，也必定會越來越覺得自己什麼都玩遍了，而且越來越找不到好玩的東西。

這就是心態上的疲乏,如果不能及時調節,久而久之就會產生嚴重遲滯的現象,最後導致精神力渙散。

唯有經過盡力的工作,才能體會休閒的愉悅,也才能在遊玩之中極力放鬆自己;唯有經過盡力的遊玩,才能明白工作的意義,也才能在工作之中極力展現自我價值。

努力過的人生,總是能讓遺憾少一點,快樂多一點。

我們可以在工作中獲得成就感,可以在娛樂中獲得放鬆和休息,這兩種感受都是令人愉悅的,也互為活力的增強劑。

想要真切地體會人生,就要在工作時盡力工作,在遊玩時盡情遊玩,讓自己保持在最有活力的情況下,體會人生的各種滋味。

心境決定你的處境

在工作與遊樂之間,存在著一種和諧,把兩者巧妙地結合起來,生活的藝術就在其中了。──羅曼‧羅蘭

不是「做不到」，而是「不想做」

> 能力不足卻有心完成的人，或許會失敗很多
> 次，遭受到許許多多的挫折，卻能夠在成果
> 累積之下，漸漸看出成效。

高爾基曾經說過：「每個人都知道，把語言化為行動，比把行動化為語言困難得多。」

仔細觀察，你將可以發現很多人在說「我不會」的時候，其實就是「我不想」，至於「做不到」的主要原因則是在於「不想做到」。

當我們的內心對事物產生抗拒的時候，很自然就會有如此反應，如果不希望自己的意願被攤開來檢視，抑或不想被要求和敦促時，說「做不到」恐怕比「不想做」來得容易得多。

沒有人喜歡被強迫，如果得做自己一點都不想做的事，很容易就會在行為上露出馬腳。

所以，為了躲避被質疑和檢視的危機，最簡單的方法就是不參與，「少做少錯，不做不錯」，彷彿成了一種防護罩，讓我們能夠放心地躲起來，安全地維持外在的完美形象。

然而，如果所有的人都視行動為畏途，只是在一旁嚷嚷就罷，事情始終不會有所成效，而且永遠不會有完成的一天。

　　如果沒有人願意善盡一己之力，具體行動，始終停留在計劃階段的計劃，永遠只是一個計劃而已。

　　身在其位的人，本身就被賦予了一種責任，一種執行的責任。能力不足卻有心完成的人，或許會失敗很多次，遭受到許許多多的挫折，但是卻能夠在一點一滴的成果累積之下，漸漸看出成效。

　　反觀拒絕付出的人，明明不想做事，卻佔著職位權銜不放，總是訴說著種種困難，為自己的「做不到」開脫，既浪費了自己的光陰，也耗費了眾人的時間與精力。

心境決定你的處境

我們是實際的存在，我們每個人都有有限的活動機能和責任。我們每個人都必然強烈地感到自己責任的重大和振作起這些責任感的意義。　——威廉·詹姆斯

不肯放棄，人生才會美麗

> 放棄，很容易。放棄成功，只是一念之間而已，在你說「我做不到」的片刻，成功已經向你揮手道別。

懂得審時度勢的人，彷彿總能夠將自我的精力投注在最具回收效用的行爲上，不做多餘的嘗試。

就好像有些爲了保全實力的網球選手一樣，一旦發現偏離的球，就立刻放棄追逐，只打確定能夠得分的球。

然而，假使對方正好吃定你這一點，總是恰好站在你的球道之前，豈不正好將你的每一球吃死？

你不打不一定能得分的球，確定能夠得分的球又被對方堵死，一場球下來，恐怕輸贏就在第一盤決定了。

倘若兩方選手都是這種選球型的選手，比賽一定很快就會結束，而且，可能一點也不熱場好看，因爲要不是你一球就得分，要不就是我一球就得分，彷彿在看一場發球秀似的。

然而，如果你是一個不肯放棄每一球的選手，或許你會跑得比別人累，或許你可能因爲追球而跌倒受傷，或許你努力接到了球卻還是出界。但是，在你執著和不肯放棄的情況下，對手的體力同樣被你牽制耗損，甚至如果對方是輕易放棄追球的

選手，勝利便是你的囊中之物。一旦你成功吊球，就可以將對方吃得死死的。

成功來自於一個人的信念與執著，你的耐性與堅持到底的精神，將可以彌補你技巧不足的缺憾。

正所謂「勤能補拙」，隨著你一再努力，不會永遠顯得笨拙，你必定能在不斷練習之中獲得竅門，技術與能力也必會相對提升。

放棄，很容易。放棄成功，只是一念之間而已，在你說「我做不到」的片刻，成功已經向你揮手道別。

心境決定你的處境

生活就像海洋，只有意志堅強的人，才能到達彼岸。

——馬克思

你到底在忙些什麼？

別再虛擲光陰，如此只會耗費你的才華，磨損你的精力。唯有善用時間，才能使自己的才能發揮極致。

我們總說自己很忙碌，但我們到底在忙些什麼？到底是真忙，還是瞎忙？到底是真的得忙，還是不忙裝忙？

試著把自己從早上起床開始做的每一件事一一列出清單，就能檢視出自己到底把時間用到哪裡去了。

假使你發現，你一個上午講了五通電話，一通打給客戶，一通向上司報告，另外三通分別來自老媽和朋友。其中把泰半的時間花在向老媽報備無法回家過節的事，以及向朋友暢談自己新買的包包，或是聆聽朋友抱怨她男友疑似偷腥的問題。

如此一來，吃過午飯後，你就會發現上午堆積下來的工作，現在得利用剩下的三個小時完成。因為下班之前一個鐘頭，你的男友或女友一定會來電和你討論今天晚上要到哪裡用餐，兩個人總是得打情罵俏一段時間。

倘若你的狀況是這樣，那麼工作不斷延遲進度，一點都不難想像。

必須當心的是，你的老闆很可能早已盯上你了，當他問起

你的績效時，最好能夠準備妥當地回答。

　　但假使你能把工作順利完成，那麼應該稱讚你還是對你搖頭呢？

　　因為你既然能夠在短短三小時內做完一整天的工作，而且順利過關，竟然還沒有因為超高的工作能力而受到重用和提升，那麼當你每個月為卡債煩惱時，到底該抱怨你自己，還是抱怨老闆呢？

　　別再虛擲光陰，如此只會耗費你的才華，磨損你的精力。唯有善用時間，才能使自己的才能發揮極致。

　　伏爾泰說過：「最長的莫過時間，因為它永無窮盡；最短的也莫過於時間，因為我們所有的計劃都來不及完成。」

　　這段話讓人不得不好好省思。

心境決定你的處境

沒有時間，是不知為何而忙的人，最常掛在嘴邊的口頭禪。

——伏聖克

時間不夠用是因為不會有效利用

為自己的時間做妥善的規劃，而後善用零散
的時間片段。你不是沒有時間，你只是虛度
了你的時間。

人們都有某種懶散、拖延的劣根性，這點卡內基看得很透徹，他說：「我所了解有關人性最可悲的事情之一是：我們全都有把生活挪後的傾向。我們全都夢想著地平線上方的某個神奇的玫瑰園，卻不知享受今天盛開在我們窗外的玫瑰。」

永遠別說時間不夠，因為時間的運用是靠自己規劃的，只要自己決心要完成設定好的計劃，那麼即使利用零碎時間完成進度，都不算難事，依照計劃一件一件達成目的，更是輕而易舉的事。

記得曾經讀過一個相當善於利用時間的例子，故事是這樣的。

有一個嗜詩如命的人，想盡辦法把每一個空閒的時間都拿來讀詩，他的辦法是每當買回一本新詩集的時候，便把詩集擺在廁所門口，每次上廁所的時候就撕下一、兩頁帶著，等上完廁所，這兩頁詩恰巧讀完。

詩讀完了，他就丟掉這幾頁，然後把詩句強記在腦海中，

因為他再也找不回那兩頁來讀。

　　這種做法，可說是「分秒必爭」、「破釜沉舟」的絕招，一方面精省自己的時間，絕不浪費，一方面徹底執行自己的計劃，同時要求絕對效率。

　　假使覺得自己的時間不夠用，不一定要拷貝他的做法，但是有必要效法他的精神，為自己的時間做妥善的規劃，而後善用零散的時間片段，也能完成一件件大事。

　　一個能夠有效利用零碎片段時間的人，對於時間的規劃與運用必然能夠好好把握，每天必然過得很充實。

　　所以，別再說自己沒有空讀書，別再說沒有空進修，別再說沒有空陪小孩玩遊戲，更別說沒有空對心愛的人說一聲我愛你……。

　　因為，你不是沒有時間，你只是虛度了你的時間。

心境決定你的處境

消磨時間者，亦必消磨事業。

——福布斯

敢去突破的人，
才能獲得成功

每條路上總有險境，

總會有無數的障礙等著擊垮你，

如果不去突破，最後非但無法逃離困境，

反而會陷入坐以待斃的絕境。

用幽默面對失敗

> 假使我們能夠笑看眼前的失敗，自有東山再
> 起的機會；假使受困四面楚歌之中而喪失鬥
> 志，自然再也沒有逐鹿中原的時刻。

　　面對失敗總是會讓人感到難堪，作家亞歷山大‧封‧笙堡對於成敗說得極好，他說：「要當個有風度的贏家並不難，但是要當個體面的輸家就不容易了，除了要雍容大度、把持得住之外，在理想狀態下還得要對自己的困境抱持幽默感。」

　　說得真是貼切。這也陳述了一個事實，如果我們能夠輕蔑眼前的困難，困難似乎就不會毫無所解，而且也容易露出破綻，幫助我們找到應對之道。

　　舉個大仲馬的例子來看。有一次，大仲馬和一位年輕的政客發生齟齬，兩人爭吵不斷，最後吵得實在太兇了，竟相約決鬥來解決問題。

　　這兩個槍法神準的人，連決鬥的方式也各執己見，最後中間人實在覺得煩了，決定要兩人抽籤，輸的人要向自己開槍。

　　抽籤的結果是大仲馬輸了。

　　只見他手裡拿著槍，嚴肅地走進另一間房關上房門。片刻之後，槍聲真的響起，原本期待和不期待的人全衝向房門。

一開門，只見大仲馬手裡拿著槍，槍口還冒著煙，表情失望地說：「各位，最遺憾的事情發生了，我沒有打中目標。」

當大仲馬答應決鬥時，心裡必然認為以自己的槍法技巧絕對會有勝算，怎知他的籤運極差，一下就抽中生死籤。

然而，他適時採取了幽默的手段來化解失敗的尷尬，也化解了和對手之間的生死難題。

我們不知道當大仲馬抽中生死籤時，心裡曾經遭遇怎麼樣的為難與掙扎，我們只知道，在性命與百發百中的名聲之間的難題，他做出了選擇。沒人能對他論功論過，因為每個人都有為自己抉擇的權利。

假使我們能夠笑看眼前的失敗，自有東山再起的機會；假使我們受困於四面楚歌之中而喪失鬥志，自然再也沒有逐鹿中原的時刻。

心境決定你的處境

失敗是一種教訓，它是情況好轉的第一步。

——菲力普斯

敢去突破的人，才能獲得成功

> 每條路上總有險境，總會有無數的障礙等著
> 擊垮你，如果不去突破，最後非但無法逃離
> 困境，反而會陷入坐以待斃的絕境。

　　每個人都只想成功，不要失敗，但是現實人生不可能沒有失敗。既然我們沒有辦法避開失敗與挫折給予我們的打擊，唯一的方法就是——跨越，只有超越自我眼前的一切障礙，才能前進到下一個人生階段。

　　許多成功人士，多半在很早的時候就決定自己的未來方向，鍥而不捨地朝向自我的目標努力前行，終於能夠抵達成功之境。

　　這些人並非不曾遭遇挫折，也不是從未招致失敗，而是他們總是有決心能夠克服自我的弱點，勇敢地堅持下去。

　　舉例來說，曾經有人問詩人威廉‧斯塔福特：「請問您是什麼時候決定做詩人的呢？」

　　斯塔福特回答他說：「每個人生來都是詩人，我只不過是把大家開始做的事情繼續做下去而已。你應該要問，為什麼別人沒有繼續下去？」

　　斯塔福特的說法，想必對許多人而言都是當頭棒喝吧！

　　當你抱怨自己不得志時，是否也應該好好想一想，為什麼自己選定的路到最後會變得走不下去？

「反正我沒天分」、「如果我做得到，我早就做了」……，這些言辭，說起來都非常容易，但是認真思辨起來，不過都是推託之辭罷了。

每一個行、每一門領域，本來就沒有太多的天才，有更多的人之所以執著在那個領域之中，憑藉的只是自己的努力和認真。天分或許能夠幫我們省點力，卻不代表能讓我們躺著等上天丟下成就。

成功並不是光有天分就能掛保證的，如果沒有相對的毅力和努力，隨隨便便一點障礙就能夠阻礙你的腳步。

每條路上總有險境，總會有無數的障礙等著擊垮你，如果不去突破，最後非但無法逃離困境，反而還可能會陷入坐以待斃的絕境。

想要成功，就要有跨越失敗的勇氣，一次失敗了，再試一次；兩次失敗了，再試一次。不斷嘗試的用意，並非一再重複過往錯誤的方法，而是從每次失敗的檢討中，調整出最正確的角度，幫助自己找到最適當的出路。

花一點時間決定你未來的路，悉心地準備旅途上的必備行囊，然後即刻啟程，在你一步又一步的步伐之中，成功的未來也將一點一點靠近。

心境決定你的處境

如果你陷入艱難的境地，一切都同你作對，你似乎再也撐不下一分鐘，千萬不可放棄，因為那正是時勢扭轉的關鍵時刻與境地。　　——哈里特‧畢屈‧史托

所有的麻煩都是自找的

> 除非你做了必要的計劃，否則個人的言行舉
> 止，最好不要太特立獨行，省得引人側目，
> 徒生是非，為自己帶來麻煩。

　　儘管沒有明文規定，每個社會還是會有一些既定的規矩，束縛著活動其中的人，當一個人的行為超越了常規，就很容易引人注目。比方說奇裝異服，或是言談不當等等，都很容易引來他人好奇的凝視和批判的眼神。

　　萬眾矚目的感覺或許不賴，但原因是這種極具爭議的情況，就不太妙了，千夫所指的滋味令人難以忍受。

　　我們既希望能在團體當中突出，也希望必要的時候可以妥切地融入團體，形成自我的保護色。能夠收放自如的人，往往能夠順利地把局勢扳向對自己有利之處。

　　有一次，伊索的主人派他進城，半路遇見一位法官。這名法官見伊索一副吊兒啷噹的模樣，便嚴厲地盤問他：「你要去哪？快說！」

　　結果伊索竟搖了搖頭說：「不知道。」

　　法官聽了覺得很奇怪，心裡也起了疑心，認為伊索的行跡古怪，說不定打算做什麼壞事，於是派人先將伊索關進牢裡。

後來，法官來到監獄裡審問伊索，伊索才為自己辯駁說：「法官先生，我說的全是實話，您要知道，我真的不知道我會進監獄啊。」

法官雖然覺得伊索很可疑，但是一時又沒有任何證據，只好把他放了。臨行前還警告伊索最好小心一點，要是敢做什麼壞事，休想他會放過他。

伊索的行為雖然稱不上有錯，但是明明可以說清楚的事，卻要故意語帶含糊、耍曖昧，也難怪沒事給自己惹來一身腥了。不只主人要他辦的事情尚沒著落，自己還得在牢裡蹲上一陣子，實在是無事惹事。

像伊索這等聰明機智的人，不該會讓自己陷入如此險境之中，反而像是故意向法官挑釁，要法官將他捉進牢裡，好絆住行程。假若事實是如此，那麼伊索可算是成功利用人性的弱點來達到自己的目的了。正所謂「欲蓋彌彰」，越是表現得想要掩藏掩飾，越容易引人探查。

所以，除非你做了必要的計劃，否則個人的言行舉止，最好不要太特立獨行，省得引人側目，徒生是非，也很容易為自己帶來麻煩。

心境決定你的處境

如果你不能順著直道正路做到不平凡，可千萬別為了要不平凡而去走邪門歪道。
　　　　　　　　　　　　　　　　　　　　——狄更斯

如何讓吵輸的人心服口服

假使不能以理服人，即使今日獲得了勝利，他日也必定得面對另一波的報復攻擊，爭執只會以不同的形式不斷重複下去。

　　每一個人心裡都有一座天秤，既是我們信念價值的核心，同時也是我們衡量事物的判準。

　　不管他人如何批評是與非，如何論斷對或錯，心裡的天秤早已為我們秤出心底的答案。

　　原則上，大部分人共有的答案會形成社會價值與規範。雖然並不代表少數人的想法就等於錯誤，但是，在多數面前，少數通常只能妥協。

　　人多意見多必然也多，想要達成共識，做出一致的決定，如果不是本來就英雄所見略同，必然得有人妥協退讓才能解決。

　　然而，如果光是雙方意見不合，就把對方視為笨蛋，對對方的意見嗤之以鼻，想盡辦法打壓，這種做法不免過於粗暴、傲慢，即使最後占了上風，也似乎有點勝之不武。

　　相形之下，吵輸的人、氣勢弱的人，也不見得就這麼心甘情願地認輸。

　　舉個例來說，有個當人兒子的，由於太過頑皮，惹毛了父

親，父親不只罵了他，還狠狠地揍他一頓。

　　只見兒子咬緊了牙關，強忍著疼，倔強地不肯向父親求饒。最後，他瞪大了眼，發狠地大叫說：「你打吧！打吧！看要怎麼打就怎麼打，但是我跟你發誓，將來我一定會向你的孫子們報仇！」

　　這是怎麼樣的一場冤冤相報！

　　光是以暴力使人屈服，所獲得的並不是真正的服從。

　　假使不能以德服人、以理服人，即使今日獲得了勝利，他日也必定得面對另一波的報復攻擊，爭執只會以不同的形式不斷重複下去罷了。

　　與人發生爭執時，不能忘記哈伯特說過的：「討論問題的時候要冷靜，因為激烈的爭論會使謬誤變成缺點，真理變成霸道。」

　　唯有冷靜說理，才能讓對方心服口服。

心 境 決 定 你 的 處 境

　　雄辯是灌注思想的繪畫，畫完之後若再修改加工，等於使畫像一變而為裝飾畫，弄巧成拙，莫此為甚。

　　　　　　　　　　　　　　　　　　——巴斯卡

與人應對，經營好關係

一旦自己累積了越多與人應對的經驗，對於妥善經營人際關係的技巧也就益發得心應手。

　　根據心理學的研究，每個人在孩提時都有一段自我中心的時期，在這一段時期裡，我們會覺得自己是世界的中心。

　　隨著年齡的增長，我們會慢慢了解這個世界的生存規則，開始認知到自己並非這個世界唯一的存在。世界也不會因為我們而停止轉動或轉速加倍，我們都只是社會上的一分子，依賴這個社會而活，我們可以從中取得所需，同時也必須有所付出。

　　這就是我們社會化的過程，與不同的人交往，使用各種交際語言和社交姿態，是我們必須進行的活動，如果我們希望融入這個社會裡的話。

　　洛克說：「上帝把人造成這樣一種生物，根據上帝的判斷，他不宜單獨生活，當他處於必要、方便和愛好的強烈要求下，迫使他加入社會，並使他具有理智和語言，以便繼續社會生活，並享受社會生活。」

　　因此，社會交際是人人不可避免的生命課題。

　　要成為一個擅長社交的人，並不是一件很容易的事，但也

不至於難如登天，端看你自己的投入程度而定。

　　有些人天生喜愛與人相處親近，總是能夠很快與眾人打成一片，使得現場氣氛和諧融洽。

　　仔細觀察這樣的人，多半可以發現一些特質存在他們身上。

　　這些人多半都很有幽默感，懂得在言談之中以輕鬆而趣味的談吐化解尷尬，拉近彼此的距離。

　　此外，專注的傾聽和良好的記憶力，也是優化人際關係的重要技巧，這些都可以透過練習來完成。

　　一旦自己累積了越多與人應對的經驗，對於妥善經營人際關係的技巧也就益發得心應手。

心境決定你的處境

單槍匹馬的奮鬥，無法實現美好的憧憬。如無他人的相助，任何欲望都成泡影。　　　　——哈菲茲

小心過度專注引來孤獨

> 滿腦子只有工作，卻忽略了家人的感受，也
> 錯過了子女的成長，這些都不單單是自己人
> 生的損失。

　　許多人滿腦子只有自己的工作，一旦思緒進入工作中，便
什麼也看不見，什麼也聽不到，什麼都不想理會。

　　過度專注的他們，往往讓自己陷入孤單的世界。

　　不過，他們喜歡享受孤獨的感覺，因為他們認為唯有孤獨
時才能擁有自我。

　　嚴重一點的，一直沒有辦法脫離自我中心，凡事總是只想
到自己，只在乎和自己有關的事，沉浸在自己的思緒之中。

　　這種人，當然可能被我們冠上「自私自利」的名銜，並且
大肆撻伐。必須注意的是，這種人不只會在小人圈裡找得到，
有些大思想家、科學家、哲學家也都可能是這副德性。

　　以科學家牛頓為例，他在思考自己的理論時，就完全不在
乎外在的一切事物，假使有人與他談話，他也一向不理不睬或
敷衍了事，不管現在正在進行什麼樣的活動，只要自己思緒一
來，就任意而為。

　　毫無疑問的是，牛頓確實是專注的，也透過他的專注達到

他的目的，但是，他的專注也爲他製造了孤獨。

　　並非旁人刻意排擠，而是他以孤傲的態度爲自己畫下一道界線，明白地告訴眾人：「閒雜人等勿入」。最後，沒有人願意靠近他，而他也在人際關係惡劣的情況下抑鬱而終。當他刻意排拒他人的時候，同時也阻斷了自己失落時候可能的援手。

　　我們很清楚專心一致可以達到的功效，就好像在受壓面集中施力，可以很輕易地達到擊破的效果，執行起來也特別有效率。但是，生活的目的是多元的，如果一味將自己設限於一處，或是任由自己忽略他處，最後總不免會有顧此失彼之憾。

　　例如，滿腦子只有工作，卻忽略了家人的感受，也錯過了子女的成長，這些都不單單是自己人生的損失，也是你所愛的人的損失。

心境決定你的處境

如果你無所事事，就不要獨處；如果你獨處，就不要無所事事。
——約翰遜

專心做事，也要用心生活

> 專注是對事情的態度，而不是一貫的模式，
> 處理個別事務時應專心一致，但是也要適當
> 分配自己的精力去關照其他層面。

　　人的一生有許多主題，例如，事業、興趣、愛情、友情……
等等，這些不同的主題構成人們多彩多姿的生活。

　　因此，做事要專心，生活也要用心，認真對待每一個生活
環節，才不會讓自己有遺憾，也不會浪費自己的生命。

　　與其心不在焉地應付生活中的每一件事，倒不如一次一件
認真把事情做完再說。

　　畢竟，敷衍他人，其實就是敷衍自己。

　　比方說，當你不喜歡受人打擾，想致力於某一件事時，大
可將自己侷限在一個地方，想清楚了、做完了再離開。

　　離開了自己的小天地之後，就要盡心地融入團體，而不要
發生光是人來了，可是神魂皆不在的情況。

　　這不只不尊重他人，也是不尊重自己。

　　試想，當你正把所有的思緒都專注在創作或計劃的時候，
卻身處於朋友的KTV聚會之中，縱然可以他人唱他人的歌，你
想你自己的事，但是，如果你一點也不想參與，為什麼要浪費

時間待在那裡？在自己的書房裡想個透徹豈不乾脆？

　　既然要做，就認真且徹底地把事情做完，不然就乾脆置身事外，然後接受孤獨的結果。

　　左顧右盼、優柔寡斷，是成不了任何事的。如此心不在焉的行為，只會讓自己最後什麼事都做不好，也沒有一件事能完成，只是浪費彼此的時間精力，更消耗彼此的情誼罷了。

　　專注是對事情的態度，而不是一貫的模式。

　　處理個別事務時應專心一致，竭力而成，但是也要適當分配自己的時間精力去關照其他層面，以免瞎忙到最後，什麼都想兼顧，卻什麼也得不到。

心境決定你的處境

人是不能要怎麼就怎麼的，志願和生活根本是兩件事。

──羅曼‧羅蘭

多一分寬容，
行事才會從容

如果只是因為生氣而批評，

開口前最好先想一想，

遲了一時口舌之快，

可能忍耐多年總算能一吐怨氣，

但是最終又得到了什麼呢？

多一分寬容，行事才會從容

> 如果只是因為生氣而批評，開口前最好先想
> 一想，逞一時口舌之快，可能忍耐多年總算
> 能一吐怨氣，但是最終又得到了什麼呢？

　　世間萬物為了生存，都有保護自己的本能。保護的方法不外有二，一是傷人，一是自傷；壁虎遇到危險，不惜斷尾逃生，而渺小如蜂蟻等昆蟲，在遭受攻擊的時候，就算犧牲生命，也要狠狠囓敵人一口，螫敵人一記。

　　人與人之間也是如此，彼此沒有利害衝突的時候，大家當然可以禮儀相待，什麼事都客客氣氣，反正並沒有傷害到自身的權益。

　　但隨著接觸的機會多了，碰撞的結果總是會有一方受到影響，如果力道太大，可能彼此都會受傷。

　　當我們受到攻擊的時候，第一個念頭肯定是反擊，而且專挑對方的弱點下手。對於我們了解不深的敵人，其實是很難看清他的弱點的，假設真的能造成傷害，恐怕也是意外使然，誤打誤撞的結果；但是對於我們最親密的人、關係最親近的人來說，因為我們對對方瞭若指掌，所以無形中也就握有了攻擊對方最致命的武器。

因為太過親近，所以彼此所造成的傷害也就越深。

如果這就是人性，那我們大可不必矯情地說「不論別人怎麼對待，都能甘之如飴，一笑泯恩仇」，會心生報復總是人之常情。然而，事情一旦發生就無法挽回，如果我們始終耿耿於懷、念念不忘，其實到頭來真正受到傷害的還是自己。

待人處事之時多一點寬容，其實就是給自己多留一點迴旋餘地。

如果我們心中記掛著怨恨，想法難免有所偏頗，如果我們在言談之中加入了情緒，就算是一種言語的傷害了。

英國作家約翰遜說：「發牢騷的人所能獲得的並非同情，只是輕蔑。」

這句話值得我們銘記在心。沒有人會去替你想像到底你的對手有多麼可惡，旁人只看到你為了傷害別人而不惜做出有損品性的作為。

如果只是因為生氣而批評，開口前最好先想一想，這麼做對自己是不是真的有好處，要知道在眾多被人厭惡的不良品性之中，道人是非長短始終榜上有名。

沒錯，逞一時口舌之快，可能忍耐多年總算能一吐怨氣，但是最終又得到了什麼呢？

英國作家奧斯丁有一句話說得最好，他說：「在你的心園裡種植忍耐吧！雖然它的根是苦的，但果實是甜的。」

其實，人世間的種種糾葛所衍生的煩惱，很多時候都是因為我們欠缺寬容的心胸，才會讓自己捲入負面情緒形成的漩渦。

一個人擁有什麼樣的人生遠景，能否開創出璀璨的未來，關鍵完全在於用什麼心境面對自己置身的環境。碰到不順遂的

　　事情，要試著轉換心境，千萬不要讓環境影響心境。

　　回想一下壁虎和蜜蜂的做法，壁虎自傷但保全了性命；蜜蜂傷人但失去了自己，該怎麼做相信你的心裡已自有看法。

心境決定你的處境

在漫長的人生旅途中有時要苦苦支撐暗無天日的境遇，如此，日後才能風光絕頂，無人能比。

——日本企業家松下幸之助

做好準備，就不怕沒有出頭的機會

> 有些人老是抱怨自己時運不好，別人都看不
> 到自己的優點，其實，如果每一次對考驗都
> 避得遠遠的，別人又如何看到我們的優點？

　　如果，有一天老闆突然額外交付你一些工作，那並不是你份內的工作，也可能和你目前的工作無關，甚至可能超出你目前的能力範圍之外，你會如何反應呢？

　　回應的態度大概不外幾種。

　　一、敢怒不敢言，儘管毫無頭緒，表面上硬著頭皮接下工作，但暗地裡將老闆罵個狗血淋頭，甚至到處宣揚老闆的「惡質」行為。

　　二、立刻爆發，不會的事就不做，說什麼也沒用，大不了不幹了。

　　三、雖然不會做，但是很樂於學習，感謝老闆給你機會。

　　四、快速分析現況，然後向老闆提出最好的方法，以及建議處理這件事情的最佳人選。

　　第一種人是小人，陽奉陰違的行徑或許一時之間沒留下什麼把柄，但最後交出來的差事也可能零零落落。事情失敗了，這類人責怪的對象當然不會是自己，因為這一切都是別人造成

的錯。

　　第二種人是莽夫，逞一時的意氣或許讓自己覺得痛快，但是就這麼輕易破壞之前經營的成果，值得嗎？

　　第三種人是樂天派，吃苦當吃補，將生活的困境當成磨練，是強化自我籌碼的手段，辛苦雖然辛苦，但自己獲得的肯定也不少。

　　第四種人是成功的人，平時就做足了妥善的準備，發生問題是檢驗危機處理能力的最佳時機，雖然自己的能力有限，但是知道廣營人脈、適時求助就是最好的解決方案。這樣的人隨時準備好答案，甚至自己提出問題找出答案，試問，還有什麼難得倒他？又有什麼事不能成功呢？

　　在講求團隊戰力的時代，想要建立自己的事業，單打獨鬥幾乎是不可能的，所以尋覓良將、好幫手是每個老闆心裡最重要的一個任務。

　　然而，好的將才要怎麼找呢？

　　其實，老闆們發掘人才的方法很簡單，那就是丟出一個問題，只要能用最快、最好的方式處理的人，就是最適當的人選。

　　只要你了解這點，事先做好準備，就不怕沒有出頭的機會。有些人老是抱怨自己時運不好，別人都看不到自己的優點，其實，如果每一次對別人給的考驗都避得遠遠的，別人又如何看到你的優點？

　　站在對方的立場上設想，發現對方重視的題目，沙盤推演想出辦法，備而不用，儘管很可能這個方案永遠無用武之地，但是總好過真的發生問題的時候，連佛腳都不知道該到哪裡去抱來得好吧！

俄國作家契訶夫曾經寫道：「困難和折磨對於人來說，是一把打向壞料的錘，打掉的應該是脆弱的鐵屑，鍛成的將是鋒利的鋼刀。」

確實如此，困難能孕育旺盛的精神力量，克服困難就是獲得勝利的重要契機。

如果我們能換個心境面對眼前的處境，就不難明瞭，只要自己做好充足的準備，就不怕沒有出頭的機會。

沒有人一生平順得什麼問題都沒有，也沒有人一生完美十項全能，遭遇問題不是壞事，只要懂得如何解決問題就行了。

心境決定你的處境

不經歷感情的青春，戰鬥的成年和思考的晚年，生活就不會是十全十美。　　——英國作家布倫特

防患未然，勝過力挽狂瀾

> 凡事應該防患於未然，在事情還沒發生或是
> 才剛剛萌芽的階段就加以預防，就不必等到
> 災禍發生時再花費更多的人力物力來挽回頹
> 勢。

　　不知道你有沒有發現，我們很容易喜歡為我們帶來好消息的人，卻很討厭老是帶來壞消息的傢伙；前者我們稱之為「報佳音的喜鵲」，而後者則被叫做「唱衰的烏鴉」。

　　人有一種通性，叫做「遷怒」，而且我們特別容易把怒氣發洩在帶來壞消息的「信差」身上。

　　有人做過一份研究指出，有些氣象主播因為豪雨狂風連綿壞天氣的新聞不斷，竟成為觀眾怨恨遷怒的對象，有位主播還因此被一位老太太攔住車子，對他大聲咆哮，要他「負責任」。

　　古代甚至有回京報告戰事失利的信差因此被砍頭的記錄，比起那些千里奏捷的信差，待遇真是天差地別。

　　我們不喜歡別人澆冷水，儘管是「良心的建議」，往往也因為過於刺耳而很難聽得進去，所謂「忠言逆耳」就是這個道理。不過，我們如果因為討厭這些聲音而不去傾聽，甚至完全置之不理，等到事情真的發生，恐怕就連焦急也沒有用，非得花費更多心神與氣力不可。

有一種正面的說法是這樣的：批評和建議，就像是人體的血液循環，一旦血液循環不良，人體就會出現重大疾病。

能夠心平氣和地傾聽建言，才能防患於未然。

關於防患未然，中國歷代就有過不少名言名句提醒我們。像明代文人呂新吾在《呻吟語》裡說：「處天下事，前面就長出一分，此謂之豫。後面常餘出一分，此之謂之裕。如此則事無不濟，而心有餘樂。」

而另一名文人朱晦翁則說：「凡事須小心寅畏，仔細體察，思量到人所思量不到處，防備人所防備不到處，方得無事。」

本來凡事就應該防患於未然，防微杜漸，在事情還沒發生或是才剛剛萌芽的階段就加以預防，就不必等到災禍發生時再花費更多的人力物力來挽回頹勢。

心境決定你的處境

歡樂不時被痛苦打斷，這似乎是自然界生命的正常過程。焦慮和煩惱偶爾被愉快干擾一下，是人類生存的正常過程。
　　　　　　　　　　　　　　　　　　──美國作家克魯齊

不願行動的人，找不到成功的大門

> 世上沒有做不到的事，只是願不願意去做而已。想讓事情成功，方法手段千百種，但如果一種都不去做，想成功，門都沒有。

你想成功嗎？你懂得把握機會嗎？

如果這兩個問題的答案都是「是」的話，那麼，你還需要再思考一個問題，那就是：「你認為機會是會從天而降，還是要靠自己創造？」

從諸多成功者的心路歷程，我們可以體會出，「機會」或許很難讓人具體描述，但是，憑空等待的人永遠不可能得到。

就好像抽獎活動，如果沒有寄出參加的摸彩券，不管抽獎的過程安排得如何公正，甚至人人有獎，中獎名單上還是絕對不會出現你的大名。

關於把握機會，宗教改革家馬丁路德說過這麼一句話：「等到美好的機會才做事的人，永遠不能做事。」

所以，除非你壓根不想得到獎品，否則這抽獎券，你終究還是得寄的。

蘇格拉底有句名言：「最有希望的成功者，倒不是有多大才幹的人，卻是最能善用每一時機去發掘開拓的人。」

這句話暗示我們，世上沒有做不到的事，只是願不願意去做而已。

其實，如果有心想讓事情成功，方法手段就會千百種，但如果一種都不去做，想成功，門都沒有。

所以，如果你想獲得成功，或者還有一個問題是你需要先回答的，那就是：「你真正想要的成功，到底是什麼？」

回答了這個問題，也確認了心底真正的答案，你才能真正心無旁騖去奪得那個成功的機會。

不知道自己想要什麼，不會有成功的機會；至於不願意行動的人，則永遠找不到成功的大門。

狄摩西尼曾說：「沒有做法的想法，永遠只是紙上談兵的空想。」

因為，再如何了不起的想法，充其量也只不過是一粒粒沒有靈魂的種籽，想讓它們開花結果，還是必須倚靠確實可行的「做法」。

想要成功，就不能做「言語上的巨人，行動上的侏儒」，必須採取行動，以實際的做法實踐腦中的想法。

心境決定你的處境

無論處在哪個境遇，人生似乎都是一樣的，要忍受的事務很多，可以享受的時間卻很少。　　——約翰遜

掌握敵人心理，便能借力使力

> 每一次經歷，都是一種學習，我們可以從別人的成功與失敗之中，歸納演繹我們腦袋裡的人生藍圖，規避錯誤，尋找捷徑。

　　古人說：「前事不忘，後事之師。」意思就是說，把前人和自己的經驗記在心裡，下一次就別再犯同樣的錯誤了。

　　心理學上強調的經驗法則，目的也在於此，參考別人的經驗，就像是站在巨人的肩膀上，總是比站在地面上看得更高，看得更遠。

　　當你心想成功的時候，必須有耐心、要小心，搜尋過往和他人的經驗地圖，然後滿載著希望前行。

　　沿途或許會有暗礁、漩渦，但只要你的準備充分，能靈活應變，必定能夠化險為夷，順利抵達目標的港灣。

　　美國發明家愛迪生說：「如果你希望成功，當以恆心為良友，以經驗為參謀，以小心為弟兄，以希望為哨兵。」

　　卡內基曾在自己的書中引用《智慧的錦囊》裡的一句話：「成功者與失敗者之間的區別，常在於成功者能由錯誤中獲益，並以不同的方式再嘗試。」

　　這句話的意思很清楚，那就是，想要成功，就要懂得在每

一個錯誤裡面學到造成錯誤的關鍵，然後予以克服。

可是，人生不過短短數十年，大部份人走過的地方，親身體驗過的事物，其實相當有限，就算是生活再精彩的人也不可能遍歷世界上的所有事物。

所幸，現今資訊流通實在太發達，透過媒體、網路，我們輕易地就能得知世界上的某個角落裡正發生著什麼樣的事情；藉由這些資訊的獲得，我們就好像自己也身歷其中一般。

每一次經歷，都是一種學習，我們將知道許多以前自己不知道的事情，我們更可以從別人的成功與失敗之中，歸納演繹我們腦袋裡的人生藍圖，規避錯誤，尋找成功的捷徑。

心境決定你的處境

人生是一頭馬輕快而健壯的馬，人要像騎師那樣，大膽兒細心地駕馭牠。　　　——德國作家赫塞

面對批評，要保持冷靜

> 看淡那些批評的聲音，如果在意那些尖酸刻薄
> 的言論，不就是等於告訴別人可以用這樣的話
> 來傷害自己嗎？這樣實在太不智了。

這個世界上很多動物都有嘴巴，可是就只有人類會說話，也只有人類會互相批評；大概也是這個因素吧，只有人類的社會，紛爭擾攘永遠不止歇。

有人說：「一句話，可以改變世界。」既然語言的威力如此強大，我們開口之前怎麼能不小心謹慎呢？

所謂「樹大招風」，嶄露鋒芒的人、站在高處的人，或許是因為他們的存在太不容易被忽視了，所以遭受到的批評與誹謗也特別多。

有時候，批評和誹謗迎頭撲打過來，既難堪又無奈，越是辯解越是解釋不清，讓人氣得暴跳如雷卻無計可施，就好像伏爾泰寫過的一句話：「死者不在乎誹謗中傷，活人卻會因它而怒極身亡。」

可是，生氣歸生氣，難過歸難過，假使解釋、爭吵都沒有用，那到底該怎麼辦呢？

在這個社會上生存，遭人批評是在所難免的，如果你明白

這個道理，自然就能看淡那些批評的聲音，如果在意那些尖酸刻薄的言論，不就是等於告訴別人可以用這樣的話來傷害自己嗎？這樣實在太不智了。

幽默大師馬克‧吐溫享有世界知名的名氣，自然也不免會遭受別人的批評，但他卻以為：「遭到了誹謗還大事張揚，那是不聰明的，除非張揚起來能得到什麼很大的好處，否則誹謗很少能經得住沉默的磨損。」

當我們聽到別人對我們的批評時，第一件事不應是生氣，而是該先在心裡盤算一下對方所說是不是事實。

如果是惡意謗毀，那麼大可不必理會，反正清者自清，久而久之謊言自然會露出破綻。但如果對方所說是真有其事的中肯批評，那麼就算不向對方表示感激，也應該在第一時間將錯誤改進，不是嗎？

希臘哲學家畢達哥拉斯曾經說：「憤怒以愚蠢開始，以後悔告終。」

冷靜和忍耐，是一種高級的自我控制，只要能做到這兩點，我們就不容易因為受激衝動而後悔。

心境決定你的處境

青春可以說是人生的花朵，無價的珠寶。青春也是最容易流逝的，因此，不要讓自己留下悔怨。

——英國詩人艾略特

運用別人的長處彌補自己的不足

善用眾人的力量，運用別人的長處來彌補自己
的不足，從多個面向思考，將問題防範得滴水
不漏，事情成功的機會自然大多了。

世界知名的文學作家海明威說過一句名言：「人不能孤獨
地活著。」

而古希臘哲人德謨克利特也曾引用過這樣的句子：「只有
團結一致，才能把偉大的事業和戰爭引導到好結果，否則就不
能。」

類似這樣的話語很多，在在說明了團結的重要性。

人和人如果不能團結在一起，就無法成就事業。

一個成功者的背後，必定有許多人共同付出心力，想要成
功，我們難免要借人之力，乘人之勢。

想要得到別人的幫助不難，難的是要開放自己的心胸去接
納別人的意見，忠言逆耳、良藥苦口，如果自己先入為主的觀
念太深，又聽不見別人的建議，恐怕就算抱著臨深淵的態度，
也難以懸崖勒馬吧！

詩人愛默生曾在著作中這麼說：「你信任人，人才對你忠
實。以偉大的風度待人，人才表現出偉大的風度。」

缺乏氣度、剛愎自用的人很難成功，殊不見楚漢爭霸時期，項羽就是個性過於猜疑，不能充分信任自己的手下，為人處事又過於剛愎，以至於最後眾叛親離，平白將眼看到手的江山送給了劉邦。

有一句話：「單調難成曲，群柱可擎天。」

參與的人多、意見多，代表著每個人的意見、想法都是由不同的角度出發，觀察到的也是不同的面向。

如果能夠以寬闊的胸懷，將多方的意見加以彙整，找出一個最佳的解決方案，事情處理就能更加圓融周延。只要周全思考、冷靜處置，事情就不致於會陷入泥淖之中，感覺欲振乏力。

記得曾經看過一部卡通電影，劇中主角是一隻螞蟻，當蟻群陷入慘遭水淹的危機時，在主角指揮之下，一隻隻的小螞蟻疊成一座高高的塔，最後成功抵達上方洞口的那隻螞蟻，再一隻隻將仍在洞內的螞蟻拉起，最後所有的螞蟻都得救了。

螞蟻的身軀何其渺小，就算一隻螞蟻可以舉起超過自身體重十數倍的重物，也救不了全部的螞蟻。

可是，一隻螞蟻至少拉得起一隻螞蟻吧？兩隻螞蟻總能再拉起另外兩隻螞蟻吧？一隻拉著一隻，雖然每個個體只貢獻了自己的一點點力量，但最後卻結合成了一股巨大的能量，拯救了整個螞蟻王國。

中國有句相當有趣的諺語這麼說道：「困難是石頭，決心是鋤頭，鋤頭敲石頭，困難就低頭。」

其實，處在困境裡的人，比處在順境裡更能堅持不屈，真正卓越的人，越在不利與艱難的困境裡，越能百折不撓，越在自己遭遇困境之時，越能積極改變心境，幫助自己找到走出困

境的出口。

　　善用眾人的力量，運用別人的長處來彌補自己的不足，彼此站在一起，牽手相靠，從多個面向思考，將問題防範得滴水不漏，事情成功的機會自然大多了。所謂眾志成城，群策群力，說的就是如此的道理。

心境決定你的處境

　　最要緊的事是：別浪費你的青春和元氣，否則，這種行為就將是你人生中最大的不幸。——俄國作家契訶夫

充滿信心就會開創機運

貴人和機運其實都綁縛著一條無形的絲線，握在
我們手中，這條絲線的名稱叫做信心，如果我們
能緊緊抓住，還怕它們不到眼前嗎？

時勢創造英雄，英雄也在創造時勢，想要成功就要懂得把
握機會，否則一旦錯過了表現的機會，再怎麼後悔，也難以追
回那驚鴻一瞥的契機。

如果不想錯過到手的良機，那麼就要用盡技巧去抓取、去
掌握，才不會事後懊悔。然而，在懂得把握時機之前，首先要
有充足的準備，建立了十足的自信，遇到問題的時候，才能有
當仁不讓的勇氣，充分地展現自我。

單單說：「我願意試試看」還不夠，想要真正的成功，你
必須說：「我相信我一定做得很好。」

有自信的人做起事來也多了一分朝氣，身處在成功的氛圍
之中，事情也會變得好像得心應手多了。

我們做人做事當然不應該好高騖遠，但要是機會就在眼前，
又是自己拿手的領域，又何必扭扭捏捏百般推託呢？

瑪莎・辛維區說：「你必須對自己滿懷信心，有解決問題
的決心……，以及如何採取正確行動的信心。」

　　成功的人之所以成功，就是因為具備這樣的自信心，所以當挑戰一來，便毫不猶豫地承接下來。狂傲之人，又何嘗不是因為對自己滿懷自信，才能狂，才能傲嗎？

　　有了自信，還要能把握機會積極展現自己，如此別人自然就會知道我們有什麼樣的能力，也知道下次可以提供什麼樣的機會給我們。

　　貴人和機運其實都綁縛著一條無形的絲線，握在我們手中，這條絲線的名稱叫做信心，如果我們能緊緊抓住，還怕它們不到眼前嗎？

　　信心來自於平時充足的準備，基本功夫紮得穩，應用起來速度也會快得多。自我準備充分就不怕被臨時出題考試，反而會覺得機會得來不易，充分展現自我、恣意發揮才幹的結果，當然能信心滿滿地達成任務了。

　　任務能夠順利達成，有了成就感，自然對自己的能力多增添一分信心。這就好像一個善的循環，聚集了無數正面的力量，而這些力量也都有了可以恰當發揮的地方，這個循環就能生生不息地延續下去。

心 境 決 定 你 的 處 境

人生最快樂的時光，往往是因為這段時光充滿著希望，而不是因為得到了什麼或逃避了什麼。

——英國作家卡萊爾

不要讓恨意支配自己

恨意彼此加乘下去，

不只傷人，終究也會自傷。

讓恨意進駐內心，

畢竟最後折磨的還是自己，不是嗎？

缺乏自制力，就會成為慾望的奴隸

不要被貪婪蒙蔽了心眼，一旦變成了慾望的
奴隸，落入了慾望與享樂的因果循環之中，
我們的腳步就會停不下來了。

現代人的生活壓力太大，很多人都覺得自己過得不快樂。

然而，仔細想想，我們不快樂的原因，很有可能只是因為
我們的需求太多，慾望太難滿足。鎮日被慾望驅使，汲汲追求
的結果，可能什麼都沒得到，只得到了一具累垮了的身體。

請看看湯瑪斯‧貝里‧阿得利希所描述的一段景象，他說：
「有什麼比露天的營火更令人感到愉快呢？你是否聽到蘋果樹
正發出愉快的笑聲？那是青鳥的靈魂，在去年春天百花盛開時，
牠們曾在枝頭高唱的證明。」

我們多久沒到大自然那兒去走走了？我們是否忘了，自然
萬物可以淨化我們疲憊的身軀與靈魂？

最近有不少人提倡回歸自然，強調簡樸自在，放慢步調，優
雅地過生活。的確，自然界的資源有限，如果我們恣意浪費，
任意破壞，使得大自然失去平衡，最後一定自蒙其害，連我們
自己也難以生存下去。

放鬆、寡慾，讓自己保持勞動，將生活變得單純，就好像
一碗清粥或許稍嫌清淡，但若是能細細品嚐，倒也香甜有味，

不是嗎？

　　建立橫跨歐、亞、非帝國的亞歷山大大帝說過：「購買不需要的東西的人，不久便會買不起他所需要的東西。」

　　我們當然可以享用我們努力得來的成果，並不需要刻意過著貧苦的生活，但是我們應該把握一個要點，不要被貪婪蒙蔽了心眼，一旦變成了慾望的奴隸，落入了慾望與享樂的因果循環之中，我們的腳步就會停不下來。

　　古羅馬哲學家朗吉弩斯在《論崇高》一書裡如此說道：「金錢的貪求……和享樂的貪求，促使我們成為他們的奴隸，也可以說，把我們整個身心投入深淵裡。」同樣是古羅馬哲學家的塞涅卡則說：「本能的需要是可以滿足的，而且很容易辦到。使我們焦躁不安的，恰恰是其餘的那些需要。」

　　或許我們心裡很清楚明白，哪些是生活必須滿足的需求，哪些又不過是一時虛榮浮華的享樂慾望；順應慾望滿足既然是本能，那麼克制慾望的過度擴張，就是一種超乎常人自制力的完成。

　　如果我們真的想超脫煩俗的憂愁，必然知道該怎麼去做選擇；是要選擇簡約有味的生活，或是精彩緊繃的日子，答案全在我們心中，沒有正確答案，只有讓你真正覺得快樂的答案。

心境決定你的處境

誰能勇敢地接受青春之火的洗禮，誰就能絲毫不懼怕晚年的嚴寒冰霜。
　　　　　　　　　　　　　　　——英國作家藍朵

不要讓恨意支配自己

恨意彼此加乘下去，不只傷人，終究也會自傷。讓恨意進駐內心，畢竟最後折磨的還是自己，不是嗎？

以前，台灣有一部流行的連續劇裡，出現過這樣一段經典對白：「你最好不要惹我生氣，因為我一生氣，我就想要報仇；我若是想要報仇，下一個要死什麼人，連我自己都不知道。」

很激烈、很直接的說法，卻也說進很多人心裡，以至於讓說這句話的角色一時成為家喻戶曉的人物。

本來，每個人就都沒有辦法事事順利，不開心、不愉快的情緒累積在心裡就變成了怨氣。如果這一股怨氣沒有辦法消除，或者平白無故遭受到傷害，那麼怨氣就會在壓力之下轉變成恨意。

仇恨必定會有個目標，恨到了極點，生亦何歡，死亦何懼；當沮喪與痛苦積存到一定的程度，彷彿只剩下恨意可以支持人咬著牙活下去。

法國哲學家笛卡兒分析過「恨」這回事，他說：「恨是精神所引起的，促使心靈願意與對它顯得討厭的對象分離的一種心靈情緒。」

仇恨，是一種激烈的情緒，當我們的心被恨意包圍，理智就見不了天日，全身上下都會被恨意支配。

法國文豪巴爾札克在《高老頭》一書中，寫了如此的文句：「一個人向感情的巔峰攀登，可能中途休息；從怨恨的險坡往下走，就難得留步了。」

雖然仇恨是一種悲憤情緒的宣洩方式，但是一旦選擇了這個方式，就很難再回頭了，全身行動遭受恨意驅使，最後難免會落得玉石俱焚的下場。

「憤恨」的情緒就像一把烈火，只會將自己燒灼得體無完膚。冤冤相報何時了，恨意彼此加乘下去，等到報仇的那一天，背後傷害的力量，不只傷人，終究也會自傷。

讓恨意進駐內心，最後折磨的終究還是自己，不是嗎？難怪，各種宗教都時時勸勉人要放開心中的怨懟。

這樣的說法其實並不是為了別人，而是為了自己，如果自己無法放下，那麼仇恨的包袱只會越來越沉重，前方的路也難免越來越難行了。

心 境 決 定 你 的 處 境

人的使命感中，潛藏著如同激流一般的年輕熱血，可以使人度過有意義的人生。──英國政治家迪斯雷利

把謊言當工具，小心傷人傷己

> 謊言或許能為我們帶來短暫的利益，但長久來說總是弊多於利的。謊言或許也是一項工具，但是不能不小心戒慎，否則難免傷人傷己。

　　曾經有個新聞鬧得沸沸揚揚，一位一向以氣質聞名的知名女星，突然被媒體爆料指稱她的高學歷是假造的，惹得各家媒體爭相追逐詢問。

　　一方堅持消息來源屬實，一方怒斥媒體說謊，還得出示畢業證書，以證清白，一時間，每個人的興趣都被挑起來了，等著看看到底是誰在說謊。

　　有句話是這麼說的：「說一個謊言，就得再說上一百個謊來遮掩。」

　　可見得說了謊，就得再花上百倍精神來圓謊，是相當累人的。而且，相信大家都心知肚明，無論是什麼樣的秘密，無論怎麼樣百般遮掩，只要有人想知道，什麼秘密都藏不了，什麼樣的謊言也都掩飾不了。

　　傻子是騙不了人的，只有聰明的人才會說謊。不少聰明人自以為比別人懂得算計，善用口舌想把別人耍得團團轉，可是聰明總被聰明誤，當謊言被人戳破的時候，就算是再聰明的人

又該如何自處呢？

撒謊的人往往以為自己計劃得相當周密，可以神不知鬼不覺，殊不知天底下沒有永遠的秘密，也沒有不被戳破的謊言。

「路加福音」裡寫著一句警語：「所有的秘密終究將公諸於世，沒有任何事能夠永遠隱藏，不被人知道。」

詩人紀伯倫形容得相當貼切：「欺騙有時成功，但它往往自殺。」

當你說了第一個謊言，就等於正往自殺的路上走去，如果不迷途知返，及時回頭，最後終將被自己的謊言所傷。

沒有人是全能的，也沒有人是永遠無知的，謊言或許能為我們帶來短暫的利益，但長久來說總是弊多於利的。

林肯就曾經在演說中提過這麼一句話：「你能在所有的時候欺騙某些人，也能在某些時候欺騙所有人，但你不能在所有的時候欺騙所有的人。」

現實生活中，謊言或許也是一項工具，但是使用起來就不能不小心戒慎，否則難免傷人傷己。

心境決定你的處境

人的一生，或多或少總是難免會有浮沉，不會永遠旭日東昇，也不會永遠窮困潦倒，反覆的浮沉正是磨練。

——日本企業家松下幸之助

懂得靈活變通就能出奇制勝

> 想要在人生戰場上攻無不克、橫掃千軍，或許
> 方法有很多種，但原則終究只有一個，就是不
> 輕估敵人，充足準備且懂得靈活權變。

美國思想家桑塔亞那曾說：「競爭的本能是一種野性的激勵，一個人的優點會透過競爭，從另一個人的缺點顯示出來。」

比較與競爭看似是破壞社會和諧的主因，但實際上，它們是促進社會不斷向前飛躍的重要助力，全看我們用什麼心境面對。

這是一個相互競爭的世界，人與人之間無事不競爭，唸書要競爭、做生意要競爭、選舉要競爭……，想要成為競爭中的贏家，就要有靈活的頭腦，懂得隨機應變，由人設想不到之處出手，才能出奇制勝，奪得先機。

面對每一個競爭對手，在正式對戰之前都要先沙盤推演，預想對方可能會使用什麼樣的戰術，然後反其道而行，攻其不備。

成功的方法千百種，沒有人能說什麼樣的方法一定有用，而什麼樣的方法一定沒用，得試過了才知道。

兵法兵書也是人寫的，當然不可能面面俱到，考慮周全。

所謂「盡信書不如無書」的說法，就是這個道理，如果只是死記硬背而不懂得融會貫通，對方只要識破了你的戰術，就能夠徹徹底底地吃定了你。

　　就好像學圍棋的時候，參考前人所遺留下來的定石良方，必定可以學習到很多很好、很玄妙的步法，但是，這些定石步法別人難道就沒學過嗎？

　　如果只是呆呆地照著書上走，當對手在你的致命之處提前落了子，那豈不時全盤被打亂，一步也動彈不得了嗎？

　　帶領法國軍隊橫掃歐洲大陸，幾乎攻無不克的一代英雄拿破崙說：「有一句確切不移的作戰格言，便是不要做你的敵人所願望的任何事——理由極簡單，就是因為敵人如此願望。」

　　想要在人生戰場上攻無不克、橫掃千軍，或許方法有很多種，但原則終究只有一個，就是不輕估敵人，充足準備且懂得靈活權變；有時候，看似平凡招數在適當的時機裡，只要使得好，可能也會變成絕妙好計。

心境決定你的處境

我們就是人，不是畸人，也不是愚人，所以應當從命運之神的手中，把自己的幸福爭取過來。
　　　　　　　　　　　　　　——俄國作家屠格涅夫

想要致富，先創造商品的價值

> 想要積極致富，就不能不重視商業的基本原則。把握了原則，加入自己的創意，成功其實也不見得是件難事。

很多人在電視上教導大家什麼是正確的理財觀念。

比方說，買賣股票，不要只看一天的漲跌，不要一聽到什麼風吹草動就嚇得全數拋出，因為這樣一來，投資人在心理交相作用之下，會導致股市真的變得一片綠油油，哀哭痛嚎也不會有人理會。因為買的人是你，賣的人也是你，不是嗎？

此外，許多理財專家最常講的一個致勝的理論就是，在別人爭相出場的時候，就是你等著進場的良機。

「人棄我取，人取我與」，確實是千古不變的理財良方。

愛默生在《論財富》一文中，提到一項致富的方法：「商業的技巧就在於把一個東西從它富饒的產地帶到能夠高價賣出的地方去。」

至於世界知名的成功實業家松下幸之助則認為：「事業成功的首要條件，不在事業家的價值判斷，而是顧客的價值判斷。顧客認為有價值，才是決定性的因素。」

創造產品的主觀價值，是商業之所以能成功的主因之一。

就如同松下所言，消費者覺得物超所值，自然就樂意購買，所以如何評斷、預估消費者的心理，對於能否推出有市場的產品，有著絕對性的影響力。

　　想要積極致富，就不能不重視這些商業的基本原則。把握了原則，加入自己的創意，成功不見得是件難事。

　　只是，在我們積極致富的過程中，別忘了不要讓「貪」字爬到我們頭上，不然就變成了人人唾罵的奸商，破壞了貨物市場中正常的供需原則，最後自己也不可能逃離經濟崩潰的風暴。

　　如果有人惡意囤積貨物，哄抬售價，不僅破壞供需平衡，許多人將因此蒙受損失，反而使得人心產生不安，害怕投資；經濟市場中若完全沒有人投入，沒有人需求，供應再多也沒有人要，那麼誰也得不到好處，不是嗎？

心境決定你的處境

我們不應當為虛榮而生而，要以自己的真實面貌在社會行走，充滿自信地在人生道路上昂首闊步。

——英國哲學家羅素

不斷努力，才能獲得勝利

我們無須妄自菲薄，但是我們必須要以勤奮與真心來對自己負責。唯有經過不斷地努力與練習，才能順利踩上那塊通往成功的石階。

古羅馬哲學家賀拉斯說：「苦學而沒有豐富的天才，有天才而沒有訓練，都歸無用；兩者應該互相為用，相互結合。」

雖然說如果沒有一分天才，縱使有九十九分的努力，也達不到登峰造極的境界；但是如果只有一分天才，卻怠惰得一分努力也未盡，那麼空有天才也是枉然，只是白白浪費了老天爺給予的天賦。

德國音樂家舒曼說過：「勤勉而頑強地鑽研，永遠可以使你百尺竿頭、更進一步。」所以，就算有天分，也要持之以恆地不斷投入，認真學習，否則那株剛萌芽的天資，就會被摧折而亡。

成功的人之所以偉大，並不在於最後光彩奪目的成就，而是在於他們點滴累積的奮鬥過程。

德國音樂家貝多芬說過如此一句話：「涓滴之水終可磨損大石，不是由於它力量強大，而是由於晝夜的滴墜。」

我們都有屬於自己的一種天分，可能說得好，可能跳得高，可能跑得快，也可能想得比別人遠……；我們無須妄自菲薄，認為別人的長處勝過我們，但是我們必須要以勤奮與真心對自己負責。

唯有經過不斷地努力與練習，才能順利踩上那塊通往成功的石階。

心 境 決 定 你 的 處 境

當我們為一去不返的青春嘆息時，應當考慮到將來衰老的時候，不要再為沒有珍惜壯年時光而悔恨。

——德來頓

安排適當的人在適當的職位

> 了解每一個員工真正的能力以及專業領域，而
> 後交辦適當的任務，給予他們相當的磨練。逐
> 步訓練培養，員工便能發揮自己的實力。

　　有一句話說：「工欲善其事，必先利其器。」意思就是說，想要順利完成一件事，首先要準備好適當的工具。

　　做事情如此，在職場管理上也是如此，一個好主管只要懂得知才善任，把適當的人才安排在適當的位置，他們便能夠適切地發揮他們的才幹，讓工作有效率地進行。

　　相反的，如果沒有依照能力興趣給予適當的安排，那麼不只工作沒有效率，還會惹來許多無謂的抱怨，突增困擾也就算了，人才再好也留他不住。

　　除此之外，身為主管的人還需要儘量避免的一點，就是職場中最常見的「走後門」文化。雖然說「內舉不避親，外舉不避仇」，但是難免會讓人有「利益掛勾」的聯想，至於因為主管職權被安插進來的特權分子，恐怕也會被人另眼相待，無形中與他人之間多了層隔閡。

　　至少，別人先看到的，會是他的特權身分，而非他的能力。

　　特權份子或許是有才幹的人，但是如果升遷是來自於破格拔擢，卻又沒有辦法立刻表現出讓其他人認可的實力，那麼就

算真的得到那份工作，也只是一時的僥倖。在這種狀況下，一旦遇上了難題，想必很難得到其他同僚的支援，因為大家就等著看他的笑話。

如果真的重視他的才幹，那麼就應該先安排一個適當的職位，讓他好好發揮，做出成績以後，別人自然就不會再小覷他的能力，也會認可他有能力擔當重任。這才是真正栽培一個好人才的方法。

管理學大師彼得‧杜拉克說：「管理者的任務，在於運用每一個人的才幹，以一當十，以十當百，發揮相乘的效果。」

管理者想要達成這樣的任務，首先就要去了解每一個員工真正的能力以及專業領域，而後交辦適當的任務，給予他們相當的磨練。在工作之中逐步訓練培養，員工便能發揮自己的實力，共創企業的產能，彼此共同進步、共同發展，如此才是真正的管理之道。

心境決定你的處境

行事莽撞草率會毀壞自己，應該讓心情冷靜下來，讓自己的頭腦更加清醒。　　——法國作家巴爾札克

讓手足成為人生的支柱

> 每個人都期望自己背後有個強大的情感支持
> 力量,可以作為自己的後盾,讓自己保有不
> 斷向前衝刺的動力。

俄國大文豪托爾斯泰曾經說過:「我們都是同一位父親的孩子,不愛我們的兄弟是不自然的事。」

自古以來,兄友弟恭便是一種美德,能夠在親情濃厚的環境中成長,無疑是一件十分幸福的事。除了父母之外,兄弟姐妹就是我們最親近的家人了,應該讓彼此成為人生的支柱。

有一句話說:「正如陽光是由許許多多光線組成,任何感情也是由許多單個感情組成的。」

無論哪種情感,都是累積而來的,手足間有的是血緣,如果想要培植彼此深厚的情感與家庭和諧的幸福,那麼首先彼此都得真心付出,以自己的尊重和愛,來贏得對方的尊重和愛。

紀伯倫在《先知》裡寫過這樣一段話:「除非臨到了別離的時候,愛永遠不會知道自己的深淺。」

人就是如此,永遠要等到失去了才明白什麼是真正可貴的,才後悔自己為何不懂得更加地珍惜。

所謂「知音難尋」,如果這個知音人又是自己最最親近的

兄弟，那麼更是難得了。

相信每個人都期望自己背後有個強大的情感支持力量，可以作為自己的後盾，讓自己保有不斷向前衝刺的動力。這個力量的來源，或許是父母，或許是配偶，或許是朋友，也可能是兄弟姐妹；有個生死與共的手足至親，不也是一種幸福嗎？

法國作家巴爾札克在《幻滅》一書中寫道：「敬是感情的基礎，有了敬意，感情才切實可靠，而切實可靠的感情又是我們生活所必需的。」

想要得到深切的情感支持，那麼，毫無疑問的，我們得先伸出友誼的雙手。

「想要得到別人的熱烈之愛，自己也應該熱烈去愛別人。」法國作家左拉所言，實在真知灼見，一針見血。

沒錯，想要兄弟姐妹愛自己，首先得無條件地愛他們，而後才能成為彼此心中的支柱，共同扶持走過人生的道路。

心境決定你的處境

生命並不全是凋蔽和衰老，也有著心靈的成熟和勃發，而且，它會超越突破肉體的外殼。

——英國作家麥克唐納

及時修正方向，就不會暈頭轉向

一發現了錯誤就要及時修正方向，
否則錯誤所造成的差異就越來越遠，
到最後變成無法收拾的遺憾，
就太可惜了。

戀棧，只會讓你看不清危險

> 戀棧，是一種自我催眠，會讓人看不見前方
> 的危險。放任戀棧心態，認為自己舉足輕
> 重，恐怕會讓自己陷入難堪的境地。

　　失去了利用價值，就算東西還好好的，也已經沒有多大用
處了。所謂「兔死狗烹，鳥盡弓藏」，其實是很簡單也很實際
的道理。

　　因此，知道功成身退，懂得見好就收，無疑是改變自身處
境的智慧。

　　然而，當成功之後還有更大的成功，慾望之後還有更大的
慾望，我們能不能當機立斷、毅然決然地離開那個看似機會的
洪流，還是會如同三流的賭徒般，在最後一把輸光了身家性命？

　　看過《鹿鼎記》的人都知道，韋小寶一再為康熙立功，不
斷加官晉爵，到了最後，康熙儘管仍信賴韋小寶這個朋友，卻
沒有辦法抹去內心「功高震主」的陰霾，以至於這對好朋友終
究還是得分道揚鑣。

　　懂得急流勇退，才是聰明人。

　　有人說：「明智的人永遠信奉這樣一句格言：『在事物拋
棄你之前先拋棄它。』」

　　例如，運動員的運動生涯大抵就在青年時期的黃金十年，經過這個時期之後，身體機能漸漸衰退，想要再創佳績就不容易了。所以，每一位運動員都渴望在成績攀登頂峰的時刻光榮退休，而不要等到自己如同落日殘陽之際，被無數後進超越，光芒不再，只剩清冷黯淡的黑夜。

　　有一種說法，很有意思：「真正重要的，不是你到場時大家鼓掌歡迎，而是你走後，別人還對你念念不忘。」

　　還記得賞櫻時的經驗，花苞初綻時，疏疏落落不甚起眼，但是，所有人絕對會對滿天花舞的景象驚聲讚嘆，久久難以忘懷，至於花季過後滿地狼藉的花屍，便再也無人加以理會了。

　　戀棧，是一種自我催眠，會讓人看不見前方的危險。

　　櫻花再美也有落地的一天，如果放任戀棧心態，驕傲自恃自己的存在，認為自己舉足輕重，恐怕會讓自己陷入難堪的境地。

　　換個角度來想，「落紅不是無情物，化做春泥更護花」，能夠順利在這座舞台下場，就有機會登上另一座舞台，又何必霸著不放，非得等到觀眾噓聲四起不得不狼狽下台時才肯結束呢？

心境決定你的處境

　　一扇看去開著的門，必須符合人的尺寸，不然的話，它就不是上帝為你所開的門。　　——美國作家比徹

不能適應，就設法改變環境

當環境或工作流程不符合自己所願的時候，
與其不停地埋怨，還不如費些心思在自己能
力範圍內謀求改變。

　　想要在這個競爭激烈的社會有所成就，必須明瞭每一個工
作環境不同、工作的內容與性質不同，當然，對於工作品質的
要求也有所差異。

　　更重要的是，要明白不一定每一個人都能得到自己夢想中
的工作，因此來自於工作中的考驗，也就更為劇烈。

　　日本人相當重視名人，設計了許多電視節目，塑造了各行
各業的名人工作者，他們的每一項專門技藝，都讓坐在電視機
前面的觀眾感到讚嘆與佩服。當然，這並不代表只有日本人最
厲害，而是他們尊重專業的態度，使得每一位工作者樂意投入
自己的工作領域，追求頂尖與卓越，以自己的工作為榮。

　　要做就做到最好，否則不如不做，只要心之所向，什麼事
都辦得到。

　　遇事多看光明面，能夠提振自己的信心，增添了成功的希
望；相反的，遇事只看黑暗面，非但一開始就產生了排斥心理，
動力全失，失敗的機率也會因而大增。

　　若能夠以自己的方式來樂愛工作，就能夠消除許多因為不順遂而帶來的心理影響。因此，當環境或工作流程不符合自己所願的時候，與其不停地埋怨，還不如費些心思在自己能力範圍內謀求改變。要知道，人生最大的障礙，其實是自己。

心境決定你的處境

如果能夠享受工作的樂趣，那麼人生就是天堂，如果工作是義務，那麼人生就是在地獄。

——俄國作家高爾基

摒棄成見，才能利用別人的優點

> 成功者要有容人忍人的氣度，摒棄自我的偏
> 見，在敵人身上找尋對自己有利的特點，然後
> 充分利用，就能將自己推上成功之巔。

你討厭你的敵人嗎？

這個問題乍聽之下很好笑，當然討厭！既然對方是敵人，自己怎麼可能會喜歡他們呢？

可是，我們可曾想過，為什麼我們一定要討厭敵人？

這些敵人究竟是怎麼來的？為什麼耶穌和佛陀要求我們「愛我們的敵人」，進行起來那麼困難？

如果我們沒有將對方視為敵人，那麼對方還能算得上是敵人嗎？

或許，敵人可解釋為競爭對手，因為他們和我們爭奪相同的利益，而且可能造成我們某種程度的損失，所以我們必須將他們視為敵對，徹底地討厭他們，彷彿如此才能保持足夠的競爭力。

因為，好像只要緊守著那一份不認輸的感覺，就像有了一種無形的支撐力，支撐著我們持續下去。

然而，這些被我們視為敵人的人，真的一無可取嗎？

換個時間立場，我們還會這麼想嗎？

有一句話是這麼說的：「沒有絕對的朋友與敵人。」

現實生活中，最難適應的就是角色的調適，有時候只要我們稍微改變根深柢固的念頭和成見，就可以輕易地化敵為友，進而演繹出不一樣的人生。

刀子是利器，使用不當可能會受傷，但是抓對了刀柄，使用得當則既能傷人也能自衛。

敵人又何嘗不是如此？能夠善用權謀，減少一個敵人，增加一個幫手，不也是一項成功的途徑嗎？

在對的地方用對的人，這是「知人善用」的核心價值，成功者要有容人忍人的氣度，摒棄自我的偏見，在敵人身上找尋對自己有利的特點，然後充分利用，就能將自己推上成功之巔。

心境決定你的處境

人生不時有些難得的時刻，凡事一經決定就能影響深遠，在這種關鍵時刻，應該有勇氣表示贊成或者反對。

——法國作家莫洛亞

堅守自我的理想與目標

> 缺乏自我意識，我們不過是社會塑造而成的泥偶。盲目地跟隨社會潮流，忽略了自我內心的呼喚，如此的成功並不算是真正的成功。

美國作家渥爾庫特曾經寫道：「在遙遠的地方，太陽的光輝使我最為嚮往，即使我不能到那裡去，但是，我相信當我舉目眺望那種美景時，我也能夠朝那個光芒萬丈的方向前進。」

有著明確目標的人生，就如同在冬天裡舉目遠眺陽光一般，令人自心中升起一股繼續前進的力量。

德國思想家歌德曾經如此勸勉我們：「人生最重要的事就是要有遠大的目標，同時要有達成目標的能力和體力。」

這句話說明，光有目標還不成，必須有實踐目標的恆心與耐力，加上能力與體力，夢想才不會是無法觸及的幻影。

成功的人對自己充滿信心，更堅信自己能有一番不同於人的作為。

他們知道想要成功要具備許多條件，也樂於學習以增加自己的實力，他們清楚自己想要的到底是什麼，所以不斷地朝自己的理想方向邁進。

美國知名作家愛默生認為：「如果我們不能檢視自己並且

清楚我們的要求，我們就會變得毫無價值。」

　　因為，如果缺乏自我意識，我們不過是社會塑造而成的泥偶。失去了自己的目標，盲目地跟隨社會潮流，忽略了自我內心的呼喚，如此的成功並不算是真正的成功。

　　成功的人往往是認真看待自己、忠於自我的人。

　　他們對自己的人生有所期望，也竭盡自己所能去完成理想，這樣執著的態度，自然是令人佩服的。

　　成功學大師卡耐基曾經說過：「人在身處困境之時，適應環境的能力，通常比在順境時更為驚人。」

　　的確，只要是人，都具備忍受不幸，戰勝困境的能力，重點就在於懂不懂得及時改變心境，將這股只有在困境才能顯現出來的驚人潛力激發出來，幫助自己及早走出困境。

心境決定你的處境

　　對於那些不懂得生活的人來說，生活只不過是被時間波濤衝走的，未受過經的蛋卵而已。

　　　　　　　　　　　　　　——英國作家艾略特

及時修正方向，就不會暈頭轉向

一發現了錯誤就要及時修正方向，否則錯誤
所造成的差異就越來越遠，到最後變成無法
收拾的遺憾，就太可惜了。

人不是萬能的，當然難免會有錯誤發生。很多時候，剛開始可能只是看起來微不足道的小失誤，但一個反應將會影響到下一個反應，經過連鎖反應之後，事情可能就會變得不可收拾。

這種情況就好像迷了路，非但不停下腳步，反而執迷不悟地恣意前行，最後想要再走回原路，當然難上加難了。

莎士比亞曾經說過這麼一句話：「有些人終生向幻影追逐，最後他們所得的，也只是幻想似的滿足。」

如果不想一切努力全化為泡影，就得及早認清自己所追求的，是明確的目標還是虛渺的幻影，才不至於浪費了時間與精力，卻一無所得。

所謂「失之毫釐，差之千里」，一點點的差異，說不定就有了不同的結果，因此我們不得不小心謹慎，步步為營，否則一不小心，就如同步上歧途的羊一般，愈行愈遠，一旦迷了路，就再也找不回自己原本的道路。

為學、處事更是如此，一旦迷失了正確的方向，就很容易

出了差錯，走上錯誤的路途，唯有及時回頭，方有亡牢補羊的可能，否則就會誤入歧途而一無所獲了。

迷失往往源於自以為是，崇尚自然主義的法國思想家盧梭就說過：「讀書讀得太多，反而會造成一些自以為是的無知的人。」

自古以來，多少人提出他們的見解和理論，但這並不代表他們所說的就一定是真理。如果去學習這些理論的人，不能以自己的想法去辨析、去思索，那麼最後一定會在各種看似相同、實則相異的說法中迷失了方向。

如果只是從頭來過，也許只是浪費了光陰，但如果鑽進了牛角尖，又繞不回原路，就連想要重新開始都已難為的話，豈不是損失慘重？

所以一發現了錯誤就要及時修正方向，否則錯誤所造成的差異就越來越遠，到最後變成無法收拾的遺憾，就太可惜了。

心境決定你的處境

只要認真細心地去尋找，你就能找到命運女神，雖然她是盲目的，但是你還是能見到她。

——英國思想家培根

時時保持思緒的流動

> 保持思緒的流動，就能增加心靈的柔軟度，
> 也更能提升自己的競爭力，永遠不被時代淘
> 汰。

　　一盆水，沒人去動它，或許可以維持長久時間平靜無波，
但不會流動的水，最後只有發臭生蟲的下場。

　　然而，若是能將這盆水取來洗衣、煮飯，或是澆花、栽樹，
都可以讓這盆水發揮更大的功用，重新回歸自然的循環、重新
利用。

　　思想也是如此，人的思緒雖然無形，但是更需要保持流動，
以免凝固不動，成為死腦筋。

　　經驗與資歷固然重要，然而，並不是衡量能力與才華的唯
一標準。

　　有些人或許有十年、二十年的經驗，但卻只是年復一年地
重複著類似的工作，對於工作的內容固然很熟練，其實只不過
是將一年的經驗，重複使用十次、二十次而已。

　　這樣的人，對於處理本身熟悉的工作，或許可以不出差錯，
但這種看似無關緊要，其實相當可怕的重複，已然阻礙了心靈
的成長，扼殺了想像力與創造力，工作時間再長也只是依樣畫

葫蘆，根本沒有辦法接受新事物。

一個人如果連腦子都僵化了，更別說可能會有什麼新想法。

一個人的價值，不在於他人的一再給予，而是來自於自己的不斷追尋。

你認為自己是個有價值的人嗎？

你期望自己擁有什麼樣的價值呢？

你或許得先問問自己，是否不斷地自我挑戰、不斷地追求新的領悟與學習新的知識？

保持思緒的流動，就能增加心靈的柔軟度，也更能提升自己的競爭力，永遠不被時代淘汰。

一個人如果習慣得過且過，不敢挑戰困劣的環境，不願意動腦，內心充滿著「無能為力」的消極想法，那麼最後就會淪為既可憐又可鄙的人。

心境決定你的處境

人生的道路像一條大河，由於急流本身的衝擊力，在從前沒有水流的地方，沖刷出嶄新的意想不到的河道。

——印度詩人泰戈爾

不要讓慾望主宰你的人生方向

> 我們如果完全受制於財富與慾望的追求，勢
> 必沒有辦法逃離壓力的生活，當然更無法感
> 受到真正的快樂。

　　自從政府發行了公益彩券之後，一到了開獎日，總能看到不少人在投注站外排隊，口頭上雖說打算花小錢做公益，但是，心裡卻滿懷期待地希望這一期的頭彩彩金會轟隆一聲砸到自己頭上。

　　另外一種時常聽到的新聞，就是詐騙集團猖獗橫行，什麼花招都使得出來，該說現代人是窮瘋了，還是只要是人就沒有辦法逃離錢財的誘惑，甚至不惜作奸犯科來滿足自己的慾望？

　　愛財是人的本性，希望擁有足夠的錢財來滿足自己的各種想望，並不是一件錯事。

　　只是「愛財無過，取之有道」，是大家在追求財富的時候，應當放在心上的道理，以免一時利欲薰心，做出不法的情事，就後悔莫及了。

　　關於錢財，莎士比亞有過一段精彩的描寫：「金子！發光的金子！寶貴的金子！黃黃的，只有這麼一點兒。可以使黑的變成白的，醜的變成美的，錯的變成對的，卑賤的變成尊貴，

老人變成少年，懦夫變成勇士。這黃色的奴隸可以使異教聯盟，同宗分裂；它能使受咒詛的人得福，使害著灰白癩病的人為眾人所敬愛；它可以使竊賊得到高爵顯位，和元老們分庭抗禮。」

　　仔細回顧古今中外歷史，再看看現實環境，我們不得不為莎翁分析之犀利透徹而感到佩服。

　　的確，人有慾望才有追求目標的動力，但若讓慾望蒙蔽了心智，那麼很容易就會犯下錯事，所謂一失足成千古恨，若不能克制自己的慾望而被牽著鼻子走，讓自己陷入萬劫不復的境地，便後悔莫及了。

　　有了錢，還想要得到更多的錢；滿足了微小的慾望，又帶來了更大的慾望。正如叔本華所說：「**財富就像海水，你喝得越多，你就越感到口渴。**」

　　我們如果完全受制於財富與慾望的追求，勢必沒有辦法逃離壓力的生活，當然更無法感受到真正的快樂。

心 境 決 定 你 的 處 境

　　對於命運變化無常，我們感慨得太多了，然而仔細想想，過失其實都在於自己。　　——俄國作家克雷洛夫

自尋煩惱，日子當然過得苦惱

> 認真看待問題，但不要過度反應，如此才不
> 至於平白增加更多的生活壓力。整天自尋煩
> 惱，解不開眉頭的結，日子怎麼快樂得起來
> 呢？

　　快樂在哪裡？要怎麼樣才能快樂？

　　這個問題很多人問，卻似乎很難有真正統一的回答。或許就如同那句老話：「如人飲水，冷暖自知。」本來，對甲來說快樂如天堂的事，說不定對乙來說卻是苦痛如地獄，因為所謂「快樂」是一種感受的問題。

　　但有一點是不容置疑的，那就是：「自尋煩惱的人，絕對不會快樂。」

　　我們平日固然應該要多方觀察、防患於未然，但凡事更應該適可而止，發現了問題，先冷靜下來進一步觀察，看看是否有跡可尋，或有前例可依，多方查證真正深入瞭解問題的根源所在，再循序漸進地將問題解決，至於不可能發生或力有未逮的事，就不需白費氣力了。

　　「杞人憂天」的故事裡的那個主角，其實是個很有「想像力」的人，他沒有安逸於眼前平穩的一切，反而對現實提出質疑。

有想像力，本來是件好事，德國思想家歌德就曾說過：「幻想是詩人的翅膀，假設是科學家的天梯。」意思就是說如果沒有了想像力，詩人就寫不出動人的詩句，科學家也無從研究任何學問。

但是，我們可別忘了，歌德也曾經說過另外一個重點：「有想像力，沒有鑑別力，是世界上最可怕的事。」

像杞人這樣沒事就擔憂天會崩塌，甚至干擾到自己原本的生活，茶飯不思、精神憔悴，實在是沒有必要。對於自己無力解決的問題，何不就交給做得到的人去傷腦筋呢？

雖然，能夠發現別人沒發現的問題是相當敏銳的，但是，如果沒有辦法解決那些問題，豈不是白白讓自己難過而已？坦白說，過度擔憂自己無能為力的事情，其實也無濟於事，不是嗎？

認真看待問題，但不要過度反應，如此才不至於平白增加更多的生活壓力。整天自尋煩惱，解不開眉頭的結，日子怎麼快樂得起來呢？

光是天馬行空亂想，卻沒有行動力相伴的人，還不如當一隻井底之蛙來得快樂多了，至少那井底蛙還滿足於待在自己的小小天地裡呢！

心境決定你的處境

勇敢的人開鑿自己的命運之路，每個人都應該是自己的命運開拓者。
　　　　　　　　　　　——西班牙作家塞萬提斯

彼此尊重
就是最好的互動

地位越崇高的人，

他的意見更容易受到更多人的檢驗；

反對的人越多，

就越能看出一個人的氣度是否寬宏。

換個環境，不必葬送自己的人生

> 每個人都有自己的生涯規劃，沒有人應該為
> 他人的人生負責，也沒必要為了三餐而葬送
> 自己的人生。

　　現代人找工作和現代人談戀愛的心態，頗有異曲同工之妙，大家都抱著「合則聚，不合則散」的想法，所以換工作和換戀人的頻率，遠遠超過我們的父母時代，更不用說是祖父祖母時代了。

　　以前的人認為，常換工作的人一定是沒人要的人，就和常換情人的人一樣沒什麼價值；但是，現在可不一樣了，常換工作並不一定表示能力差，可能還是工作經驗豐富的一種表現呢！

　　造成這種現象，主要的原因就在於自主觀念崛起，現代人學會愛自己，而不再一味地委屈自己了。所以，老闆們不再擁有絕對的優勢，員工們只要有能力，也可以決定要在哪一棵良木上棲身。

　　企業渴求有為有能的好人才，而人才也會篩選體質優、福利好的好企業，惡劣剝削的企業和打混沒產值的員工，都得被迫退出這個現代的職場環境。仔細想想，這應該算得上是一種良性的競爭成長。

現在找工作和覓人才，有一個很不錯的措施稱為「試用期」，也就是給企業和員工一段短暫的時間，彼此試驗、彼此考驗，確認雙方真的合適，才算媒合了一段優質的主僱關係，達到雙贏的目的。

如果，試用期過後發現，員工不適任或者老闆剛愎自用，那麼還是早早結束這段關係，省得彼此痛苦。

有一句話是這麼說的：「你不能把你的職業發展完全依賴於僱主，他可不會好到為你操心這些事的地步。」

的確，每個人都有自己的生涯規劃，沒有人應該為他人的人生負責，也沒必要為了三餐而葬送自己的人生。

陣前倒戈確實是要不得的行為，但是這並不表示我們得陪著冥頑不靈的主子一起沉淪，甚至一起滅亡。

所以，當發現問題時，盡自己的職責去告知、去解決，如果苦勸不聽，仍一意孤行，那也就無須多費唇舌了。

因為，當老闆不再認為你的意見是良策的時候，你的計劃再好，也不會有獲用的機會，那麼何苦浪費彼此的時間呢？

換片天空，彼此都能自由呼吸，不也挺好？

心境決定你的處境

所有一切屬於生活的東西，都必定是屬於幸福的，因為生活和幸福原本就是同一個東西。

——德國哲學家費爾巴哈

彼此尊重就是最好的互動

> 地位越崇高的人，意見更容易受到更多人的
> 檢驗；反對的人越多，就越能看出一個人的
> 氣度是否寬宏。

心境決定你的處境，氣度決定你的高度。

如果你對眼前的人事物感到十分不耐，不妨靜下心來，試著用寬闊的心胸進行互動，或許如此一來，你便會從生活和工作中看到更開闊的前景。

心理學家亨利·詹姆斯說過一句話：「與人來往，不能忘記的一件事情就是：對方有其生活方式，所以我們不能去干擾對方的生活圈子。」

如果我們能夠信守這一句話，那麼世界上或許就能少去不少的紛爭了。因為，這個世界上大部分的糾紛，都出自於我們老是想改變別人，卻不怎麼想改變自己，彼此互不相讓的結果，就是面對面衝突，優勝劣敗，誰輸了誰就得改變。

其實，彼此尊重就是最好的互動，有時候為他人留餘地，就是為自己留餘地；給別人留面子，自己也會有面子。

富蘭克林認為，想要建立和諧的人際關係，首先就是尊重對方。他說：「假如對方說了不中聽的話，你也不要討厭他。

倒不如用積極的方法儘量轉移話題。同時一方面要尊重對方的意見，如此，對方也會尊重你的意見。」

本來每個人就是不同的個體，不一定都能夠有相同的想法和看法，面對和自己想法歧異的人，若是仍能保有一定的尊重態度，對方縱使再沒風度，也不好發作，免除了衝突的危機，就不至於輕易地破壞了彼此間的和諧。

我們不難見到，地位越崇高的人，意見更容易受到更多人的檢驗；反對的人越多，就越能看出一個人的氣度是否寬宏。

大文豪蕭伯納曾說：「一個人不論有多大成就，對任何人都應該平等相待，要永遠謙遜啊！」

每個人都有自己的堅持，但在堅持的同時，也要展現對對方的尊重；不為了保護自己而不惜傷害他人，這才是真正的賢明氣度。

心境決定你的處境

人生是一部道道地地的浪漫史，當人們勇敢地過著浪漫式的生活時，他便會發出比任何虛構都要充滿快樂的想像。

——美國作家愛默生

用幽默的態度開拓人生的寬度

善用幽默的技巧，可以幫助我們潤滑人與人
之間的關係，化解不必要的衝突。改變生活
的態度，就能輕鬆贏得人生的寬度。

　　人生豈能盡如己意，不如意的事情多了，日子就難過了。
但是，日子再難過還是得過，不是嗎？何不學著以幽默的角度
來看待生活中的困境，以輕鬆的態度來面對問題？

　　壓力減輕了，心情自然好，心情變好了，事情說不定也會
跟著轉危為安。

　　幽默大師林語堂在〈談幽默〉一文裡，曾經這麼說：「現
代人把人生看得太嚴重，世界就充滿了苦惱。我們不應該忽略
了幽默的重要性，因為幽默感可以改變整個人類文化生活的性
質。」

　　培養幽默感，可以讓我們的生活過得更快樂。

　　莎士比亞曾經這麼說：「誰要是能夠把悲哀一笑置之，悲
哀也會減弱它咬人的力量。」

　　人生總有很多時候難免事與願違，縱使我們再不情願，也
無力去改變。例如，老天要下雨、颱風、淹大水，這些都不是
我們能掌握的狀況，除了想辦法將災害降到最低之外，又有什

麼方法？

　　遇到挫折，總會讓人感到難過，對於那些無能為力的問題
狀況，更是讓人既無奈又沮喪。可是，不論我們怎麼預防，挫
折還是會出現，失敗還是在所難免。我們當然可以選擇憎恨和
埋怨，但是那也於事無補，不是嗎？如果面對這樣的挫折，能
以幽默的態度視之，聳聳肩，笑一笑，事情也似乎變得不那麼
嚴重了。

　　知名作家米蘭‧昆德拉在書中曾經這麼說：「既然生命始
終不如人意，那就把它當成是一種玩笑吧！」

　　能夠笑看人生悲歡離合的人，應該也是心靈最富有的人吧！

　　日本教育家池田大作說：「幽默是人類情感的自然流露，
直接聯結在對方的本性上，可以像潤滑油一樣滋潤人生。」

　　善用幽默的技巧，可以幫助我們潤滑人與人之間的關係，
化解不必要的衝突；改變生活的態度，就能輕鬆贏得人生的寬
度。

心境決定你的處境

人，當作自己看待時，他是有限的，但是當他在自己
本身中，卻是無限性的泉源。他是自己本身的目的—
—他在自身中有一種無限的價值一種永恆的使命。

——德國哲學家黑格爾

擁有真材實料就不怕摔跤

社會很虛幻，也很現實，我們相信名人也等
著看名人摔跤；如果你沒有真材實料，接踵
而來的，恐怕是更為嚴厲的苛責。

很多人在不景氣的時代遭到淘汰，並不是真的能力不行，
而是不懂得充實自己，跌倒之後也不懂得調整自己的心境。

無論失業還是失意，遭遇挫折的時候，必須先學會檢討自
己的缺失，不要老是責怪環境，才不會在詭譎多變的人生路上
一再摔跤。

想要獲得成功，必須懂得發揮自己的優勢，而不是複製別
人的成功模式。如果你不知道自己想要什麼，不知道自己的定
位在哪裡，即使機會從你面前走過，你也不會知道它就是難得
的契機。

古代波斯哲人薩迪曾經這麼說過：「金銀財寶皆容易喪失，
只有手藝才是永恆的財富。」

的確，有了一技之長，就不怕沒有生存的空間，再怎麼不
景氣也能挺過去。會餓死的，通常不是愚人，而是懶人。

所以，不要整天哭叫沒有自己可以發揮的餘地，因為事實
勝於雄辯，只要你願意花時間多多充實自己的實力，將真正的

手藝展現出來，別人自然看得出你的努力。

以職場為例，挖角絕對不是新聞；有作為、有能力的人，絕對會有人願意出更高的價碼來招攬。只是，當你被高薪挖角借將之後，眾人等著看的就是你到底有多少實力，值不值這個價碼，所以各種考驗與測試一定會不斷出現，直到眾人真正肯定了你的能力為止。

如果只是虛有其表的話，一旦被戳破牛皮，損失的可能不只顏面而已。

這個社會很虛幻，也很現實，我們相信名人，也等著看名人摔跤。

如果你沒有真材實料，或許剛開始能夠譁眾取寵，得到大眾的注意，但是日子久了，如果不能展現出真正的實力，在超高標準期待之下，失望後接踵而來的，恐怕是更為嚴厲的苛責。

相對的，擁有真材實料，就不怕摔跤。名聲不能當飯吃，只能提供你機會；至於能不能把握機會，獲得真正的肯定，就看自己的作為了。

心境決定你的處境

對我來說，人生不是什麼「短暫的燭光」，人生就是我此時此刻舉著的輝煌燦爛的火把。

——英國劇作家蕭伯納

要受人歡迎，就得將心比心

你準備好要做一個「人見人愛」的人了嗎？
別忘了，想得人愛，你得先去愛人，或許你
也可以從接納你的鄰居開始。

日前有個新聞，左右兩戶人家因為細故引起糾紛，結果兩
家人為了報復，彼此用盡了心思，發假訃聞、貼祭文、互丟垃
圾煙蒂……等等，無所不用其極。

或許你會覺得他們無聊，看不慣就別往來，眼不見為淨，
再不然誰不爽誰搬走，一次徹底解決。可是，憤怒已經蒙蔽了
他們的心，他們眼中看到的對方，是經過恨意的包裝，當然不
可理喻，當然可惡至極。

但是，事實上真的是如此嗎？如果他們能夠冷靜下來彼此
針對問題溝通，事情恐怕就會有不同的結果了吧！

美國作家古地說：「如果你能從別人的角度多想想，你就
不難找到妥善處理問題的方法，因為你和別人的思想溝通了，
有了彼此理解的基礎。」

將心比心，我們或許就不會反應過度，被憤怒蒙蔽理智。

古人勸我們要「敦親睦鄰」不是沒有道理的。仔細想想，
除了家人之外，最容易和我們接觸到的就是鄰居；既然彼此接

觸的機會這麼頻繁，如果不能好好相處的話，豈不是讓自己的日子更難過？

當然，喜不喜歡一個人，很多時候是憑直覺決定的事，第一印象不好，以後就很難改觀，對於不喜歡的人，要天天強顏歡笑，無疑是一件很辛苦的事。既然如此，下次搬家的時候，就得先把鄰居這個要素考慮進去。

魏晉南北朝時代有過一個「千金買鄰」的故事，說明了古人對居住環境與選擇芳鄰等事的重視程度。

環境對生活的影響十分深遠，孟母為子三遷的故事，也說明了要覓得好環境實在非常難能可貴。

情操高亮的人與和善有德的人，都是人們樂於接近的對象。

英國哲學家培根說過：「任何本領都沒有比良好的品格與態度更易受人歡迎，更易謀得高尚的職位。」

擁有良好的品性，待人和善，推己及人，這樣的人，別人如何能不尊重他、喜愛他呢？

你準備好要做一個「人見人愛」的人了嗎？別忘了，想得人愛，你得先去愛人，或許你也可以從接納你的鄰居開始。

心境決定你的處境

十歲時被點心、二十歲被戀人、三十歲被快樂、四十歲被野心、五十歲被貪婪所俘虜的人，什麼時候才能只追求睿智？
　　　　　　　　　　　　　　——法國思想家盧梭

想投資人才，先把目標說出來

> 當你立定了明確的志向，同時不斷地朝著方
> 向前進，有志一同的人，便會與你併肩同
> 行，通往成功的路途就近了許多。

　　沒有人能夠孤獨地活在世界上，人與人之間，始終存在互助的關係，我們必須互相幫助、互補有無，有時候我幫你，有時候你幫我，關係才能長久和諧地延續下去。

　　美國歷史上最負盛名也最成功的鋼鐵大王卡內基，成功的秘訣就在於，他不只懂得經營事，更懂得經營人。

　　他曾說過：「要首先引起別人的渴望。凡是能這麼做的人，世人必與他在一起，這種人永不寂寞。」又說：「天底下只有一個方法能影響人，就是提到他們的需要，並且讓他們知道怎麼去獲得。」

　　想要從別人身上得到些什麼，一味強求逼迫，其實是沒用的，俗話不是說「強摘的瓜不甜」？如果能夠換個方式用心灌溉施肥，等候時機到了，自然瓜熟蒂落，坐享甘甜美味。

　　當然，灌溉施肥的方法千百種，想要吸納優秀的人才，就得懂得運用方法。方法用得好，人才自然來歸。

　　關於這一點，中國古代有個「千金買骨」的故事，是頗為

有效的方法，大家不妨可以參考一下。

買馬骨是一個投資良才的手段，讓人明白自己的決心和誠意，所以即便是花了千金買回無用的馬骨，但若能因此覓得良駒，也算值得。

美國詩人朗費羅曾這麼說：「我們是以感覺自己有能力做些什麼事判斷自己；而別人卻以我們已經做成了些什麼事來判斷我們。」

別人對我們的認識一定是由外而內，他們首先觀察的會是我們的外在表現，直到有機會接觸時才會重視我們的內在想法。

從這個角度來說，如果我們希望得到別人的了解，那麼就該先將自己的想法，充分地表露在實際行動上。

將自己的想法和意願表達出來，能夠讓人明白我們的善意和誠意，這樣的話，對方只要有共識，就必定會投桃報李。

有人這麼說，想要達成目標的方法，就是告訴大家自己的目標，時間久了，自然會有人為你讓出一條路來。

當你立定了明確的志向，同時不斷地朝著方向前進，有志一同的人，便會與你並肩同行，如果你能以誠相待，那麼也許就能得到額外的力量，通往成功的路途就近了許多。

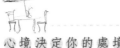

心境決定你的處境

智者是自己命創造者，誰想改變命運，誰就得勤奮工作否，則將一事無成。　——古羅馬思想家譜勞圖斯

如何才能把人才變成天才

> 有潛力的企業懂得善用新人的眼界來突破舊有
> 的窠臼，想要得到天才，要營造足夠的環境，
> 有了充分的機會，時勢就能創造出英雄。

　　有一個現象蠻有趣的，仔細看看滿街補習班、安親班的廣
告，十個就有七八個冠上天才之名，好像只要加入那個機構，
就真的可以培養出天才似的。

　　字典裡這麼解釋：「天才，即指具有天賦才能的人。」

　　「天才」這個字眼，很夢幻也很吸引人，但很遺憾的，不
管你我情不情願，我們都得接受大部分人都不過是凡人的這個
事實。

　　話說回來，我們並不應該就此妄自菲薄，因為我們或許不
是每一方面都有過人的能力，但是我們一定能在某一個領域裡
得到自己獨一無二的生存空間。

　　比方說，喜歡繪畫的人，雖然不能每個都成為有名的畫家，
但是卻可能在某一個領域之中嶄露頭角，如果他剛好是一名蛋
糕師傅，或許他可以將自己的藝術創意應用在蛋糕製作上，成
為一個最具藝術特色的蛋糕師傅。

　　盧梭說過：「造就出偉大人物的，是偉大的時勢。」

其實，本來每個人都有各自的天賦，最重要的是要懂得把握機會和掌握時勢。

別再抱怨自己懷才不遇，只要充分展現你的才智，這個社會必定會充分提供你表現的機會與空間。

相對的，在這個高度競爭的時代，企業穩健發展之道，就在於讓更多人才參與。就算經營小公司，也同樣需要有人提出不同的見解，企業經營者如果老是沉溺於馬屁精的甜言蜜語，又怎麼能看出危機，及時加以改善呢？

有潛力的企業懂得善用新人，會利用新人的眼界來突破舊有的窠臼，修正沉痾的腳步；如此一來，新人得到了磨練，企業也注入了新血，展現出不同以往的新氣象，這才是一舉兩得的良方。

想要得到天才，要營造足夠的環境；有了充分的機會，時勢就能創造出英雄，你也可以把人才變成天才。

心 境 決 定 你 的 處 境

如果說生命的黎明是一座樂園，那麼努力耕耘的青春，
就是你渴望到達的真正的天堂。——英國詩人華茲華斯

別讓怒氣控制自己的情緒

有誰會喜歡一個天天癟嘴、

眉頭緊皺的人呢？

器量不大的人也能成為可愛的人，

只要你找出了自己專屬的「洩氣」管道。

既然要裝，就得裝到底

> 要假裝，那就得咬緊牙假裝到底，如果，你
> 假裝不了，無法忽視自己的感覺，那麼最好
> 的方法大概就是悄悄離開吧。

　　自從有了報章雜誌等媒體之後，就出現了一種新的產物，叫做「公眾人物」。這種產物擄獲了大眾的注意力，許多人透過媒體的塑造，有了美好閃亮的形象，得到大眾的喜愛，更有人藉此從中牟利，諸如明星、偶像、政治人物等，比比皆是。

　　可惜，群眾就好比流水一樣，既能載舟也能覆舟，藉群眾魅力而崛起的人，說不定有一天會毀在群眾的好奇心理之下。

　　記得有個明星曾經抱怨：「現在的八卦媒體真是奇怪，還沒交往呢，就成天被追問到底有沒有在拍拖；結了婚呢，又成天追問什麼時候會離婚！」

　　唉！何必奇怪呢？人本來就對稀鬆平常的事沒什麼興趣，總是得有些什麼不一樣才能引起大眾好奇。專營人類好奇心的八卦業者，自然很明白這個道理，所以只要有「公眾人物」一天，「狗仔隊」就不可能失去蹤影。

　　從這個角度來看，公眾人物因為受不了別人為他包裝的形象，在大紅特紅之後突然告訴大眾他想「做自己」了，不願再

配合任何的假裝與作戲，卻又在發現自己完全被群眾遺棄時指責群眾沒有水準；或者因為被「狗仔隊」揭露了「不為人知」的一面，惱羞成怒地斥責公眾人物也應該保有自己的私生活。這些行為不是很可笑嗎？

坦白說，市井小民的私生活是不會有人想知道的。

英國有句俗諺這麼說：「既想要討眾人歡喜，又要使自己歡喜，這是做不到的。」

身為「公眾人物」應該有這層體悟才行。因為，既然你要利用大眾的喜好營利，那麼你就應該要負責維持大眾想要的形象，忍受大眾對你的好奇，這應該算是一種義務。

美國總統傑弗遜曾經提醒我們說：「當一個人受到公眾信任時，他就應該把自己看作公眾的財產。」

要知道，人一向是以高標準看人、低標準看自己，既成了公眾人物，那麼自然得接受大眾高標準的檢驗。如果，你要假裝，那就得咬緊牙假裝到底，否則就要有承受數百倍苛責的心理準備；如果，你真的再也假裝不了，無法忽視自己的感覺，那麼最好的方法，大概就是悄悄地離開吧。

這個世界有一個真理：有付出不一定會獲得，但想獲得，你非得付出不可，儘管你並無法預期該付出的會是什麼。

心境決定你的處境

忘記過去的錯誤，一切從頭開始，今天就是你破繭而出，獲得全新機遇的日子。　　——美國作家馬爾茲

見樹也要見林，才能透徹研究

認清自身的狀況，將學到的理論在自己的周遭印證，進而發揮與應用，如此才能將知識內化成自己所有。

哲學家尼采在《快樂的科學》裡提到了人類的盲點，他說：「我們熟悉的事物就是我們習慣的事物；我們習慣的事物，就是那些最難了解的事物。所謂『了解』，就是指當做問題來認識，當作陌生的、隱約的、『我們之外』的事物來認識。」

尼采的說法告訴我們，越是習以為常的事物，研究起來就益發困難，並非這些事情不值得研究，而是我們因為過於熟悉，所以看不見問題所在。

南宋詩人辛棄疾曾經寫下名句：「眾裡尋他千百度，驀然回首，那人卻在燈火闌珊處。」

如果不是貪看煙花炫目，而無形中自動將燈火下的影子忽略，又何必多花那麼多時間尋他千百度呢？

可是，人就是如此，不是嗎？

往往近在眼前的反而失焦看不清楚，一旦走了遠些才能看得仔細明白；時間耽擱得久了，或許再回頭已百年身了。

從這個角度來說，人生最重要的是深入瞭解自己，自己所

擁有的究竟是什麼？分析自己目前所汲汲追求的究竟是不是自己俯拾可得，從足下出發勝過好高騖遠許多。

　　德國教育家第斯多輝在《德國教師教育指南》裡提醒說：「在學習基本知識的時候不要急躁。」

　　俄國科學家巴夫洛夫也說：「在你們想要攀登到科學頂峰之前，首先應當研究科學的初步知識。」

　　這是因為很多基本理論都是日後應用的重要基礎，如果現在輕忽略過，以後一定容易陷入困頓的泥淖，難以自拔。

　　所以，要能認清自身的狀況，缺乏了什麼，需求又是什麼，而後針對所需循序漸進地去學習，將學到的理論在自己的周遭印證，進而發揮與應用，如此才能將知識內化成自己所有。

心境決定你的處境

我們都是脆弱的人，失敗和他人的行為往往容易傷害我們，但是，不論如何，你還是要認真地過每一天。

——美國作家馬爾茲

別讓怒氣控制自己的情緒

有誰會喜歡一個天天癟嘴、眉頭緊皺的人
呢？器量不大的人也能成為可愛的人，只要
你找出了自己專屬的「洩氣」管道。

　　每個人都有過生氣的經驗，因為生氣太容易了，只要心中
有了委屈、憤恨，不愉快的情緒很快就會衝上大腦，忍不住想
動氣。

　　可是，有氣可不一定就能隨處亂發，還得看時間、地點、
場合，否則，自己的氣消了，卻引起別人的怨懟，非但氣氛弄
僵了，還可能惹出一堆烏煙瘴氣的是是非非。

　　但話又說回來，若一個勁兒地把怒氣往肚裡吞，表面上還
得裝出一副若無其事的模樣，那可就需要極高的修養，不然，
一不小心沒控制好，就可能會被彼此積壓已久的怒氣炸得屍骨
無存。

　　沒錯，生氣的時候，因為心裡的怒氣控制了自己的心神，
特別容易做出衝動且日後會後悔莫及的蠢事，也容易落入別人
的激將陷阱。

　　若是沒有適當的發洩管道可以事先消消氣，那麼心裡的氣，
就像是氣球裡的空氣，因為無處可漏，於是撐大了氣球，而且

越撐越大，最後超出氣球所能負荷的限度，只好「碰」的一聲，徹底地爆發開來。

美國總統林肯發洩怒氣的方法是，把心裡的怒氣全部寫了下來，任何不滿、不愉快，全部透過筆尖，一一發洩出來，然後一把火燒得灰飛煙滅。

當你能將自己生氣的原因，以及對對方的種種不滿全部轉換成文字，無形中也讓自己有了喘息、冷靜的空間，也才能重新以不同的角度去思考問題的癥結所在。

氣頭過了，才能靜下心來想想對方為什麼會有這樣的舉止，進而想出適當的解決方法，才能保持人際關係的和諧。

所以，尋找適合自己的專屬洩氣管道，讓自己能盡快地冷靜下來，是極為重要的事，特別是本來就器量狹小的人。

因為，器量不大的人，很容易被小事撩撥，正如同氣球的容量比較小，能夠忍受的氣也就少，動不動就容易發怒，「怒」形於色自然容易得罪人，人緣自然差。

試想，又有誰會喜歡一個天天癟嘴、眉頭緊皺的人呢？器量不大的人也能成為可愛的人，只要你找出了自己專屬的「洩氣」管道。

心境決定你的處境

人生在世絕不能事事如意，遇見了什麼失望的事，你也不用灰心喪氣，你應當下定決心，想法子爭回這口氣才對。

——美國作家馬克吐溫

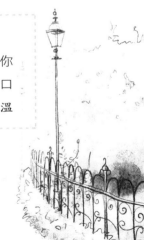

堅持是通往成功的道路

遭遇到困阻，如果不思突破之道，只是意圖退縮，最後終究會落得失敗的下場。相反的，倘若能貫徹一心，終有水到渠成的機會。

記得有人這麼說過：「在大多數的情況下，你之所以沒有獲得某些東西，是因為你沒有去追求那些東西。」

換言之，只要你真的有心追求，沒有到不了手的東西。

既然有所求，就要有方法，更要有策略，同時還要有耐心。

莎士比亞這麼說過：「不應當急於求成，應當去熟悉自己的研究對象，鍥而不捨，時間終會成全一切。」

就像下棋一樣，在初盤就得佈好全局，才有贏面。事情想要成功，就不能冒冒失失、隨隨便便，唯有經過詳加觀察、仔細規劃、明確執行，並且堅持到底，才能順利收得成果。

美國總統尼克森認為：「勝利的道路是迂迴曲折的。像山間小徑一樣，這條路有時先折回來，然後伸向前去，走這條路的人需要耐心和毅力。累了就歇在路邊的人，是不會得到勝利的。」

在成功來臨之前，可能看不到光亮，可能感受到壓力，可能遇上了困難，但如果在這一步就放棄，那我們永遠到不了成

功的那一步。

《尚書》裡有句話說：「為山九仞，功虧一簣。」意思就
是說，如果築山的人沒有堅持到底，就算只差一筐土，那座九
仞之山也還是沒有完成。

處事難免偶爾會遭遇到困阻，如果不思突破之道，只是意
圖退縮，最後終究會落得失敗的下場。

相反的，倘若能貫徹一心，踩穩了腳步，一點一點向前推
進，滴水穿石，終有水到渠成的機會。

莎士比亞曾經說過：「疑惑足以敗事，一個人往往因為遇
事畏縮的緣故，導致失去成功的機會。」

成功的方法或許有千百種，但是，成功的心態卻永遠只有
一種，那就是要堅持到底。堅持是通往成功的道路，多堅持一
秒，就多了一分成功的機會。

心境決定你的處境

生活所為我們提供際遇，都可以看作是全新的起點，
如此一來，它們就不會是終點。　　——法國作家紀德

找出自己的另一種價值

> 你要做的，並非揚棄他原本的生活方式，只
> 是更加專心致力於自己的興趣當中，從中尋
> 覓出自己人生中的另一種價值。

　　許多激勵大師都強調：「自己愛做的工作才是最好工作」，
也就是說，能以自己的興趣為工作，才是最幸福的。

　　然而，也有人說，一旦你將興趣當成了謀生工具，興趣之
中的樂趣將會完全被消磨殆盡。

　　那麼，或許最好的方法，就是從兩者之中取得平衡，說不
定能意外地獲得料想不到的收穫。

　　在工作之餘，你會選擇什麼樣的方式來消磨時間？

　　是一票酒肉朋友為了消除生活與工作帶來的壓力，從小酌
一杯到夜夜喝得醉生夢死？還是天天唱KTV，狂歌到天明？

　　這樣的休閒模式或許在極度的歡樂之後，所遺留下來的，
反而是更多的疲勞與極度的空虛和落莫感。

　　有些人則利用休閒之餘，培養自己的興趣，在持續努力不
懈之下，開發出自己的第二專長，在正職之外，走出了一片全
新的天空。

　　所以，面對乏味的工作環境，無須因此而灰心喪志，認為

自己永遠沒有出頭的一天。

　　因為，工作環境只能綁住你一段固定的時間，只要能在工作時間內將自己的本分完成，其餘的時間便全部都掌握在自己手中，要如何運用，當然也全看自己的安排。

　　有時候，只要我們稍微改變一下自己，善用自己的時間，積極活在當下，就可以輕易地充實自己。

　　如此一來，既不須煩惱沒有辦法維持自己的生活，又可以持續自己的興趣，或許長久下來，也能走出生命的另一番遠景。你要做的，並非揚棄他原本的生活方式，只是更加專心致力於自己的興趣當中，從中尋覓出自己人生中的另一種價值。

心境決定你的處境

生活是運動不息的，不管你喜不喜歡，你都必須與它並駕齊驅，因為你無法再活一遍，也無法生活在昨天。

——美國作家馬爾茲

要當猛虎，不要當驢子

> 虛張聲勢，過度膨脹，有心人一試就知有無。如果沒有本事，也沒有警覺性，危險當頭還視而不見，一味逞能，那恐怕很難全身而退。

人本來就不可能十全十美，世界上也沒有真正通才通識的全才，但是，我們卻沒有必要自曝其短，徒然消減別人對我們的信心。

懂得掩飾缺點，突顯優點，是聰明人的智慧，也是改變自己處境的方式。

只不過，光是掩飾而不努力修飾，甚至進一步充實知識，一旦掩飾的粉妝脫落，可就真的騙不了人了。

唐代大文學家柳宗元寫過一則「黔驢技窮」的寓言故事，說明了如果沒有真正的本事，一旦用完了有限的幾個花招，再也沒有別的辦法，那就只能坐著等死了。

其實，回過頭來看看人與人之間的相處，又何嘗不似如此？

有時候，初到一個環境，別人尚摸不清你的實力，通常會像老虎遇上毛驢一般，先保持距離冷眼旁觀；等彼此接觸一多，加上有心無意的試探、挑釁，你的表現就完全地顯露出你的本事了。

從應對過程中，我們可以看出兩種截然不同的處事態度；有時你會是猛虎，有時你只是毛驢。

然而，也正因為每個人的特質與專長都不同，所以我們既不可驕傲自恃，也不能輕忽他人。

「黔驢技窮」故事裡的猛虎雖然強勢，但並沒有對周遭環境輕忽。當牠不了解虛實的毛驢出現，剛開始或許有些緊張，卻沒有一下子就慌了手腳，反倒是小心觀察、不停地試探，保存實力，直到確認自己的安全無虞，甚至佔了優勢才現出真面目。

或許，這也就是猛虎之所以是猛虎，毛驢始終只是毛驢，誰強誰弱是一開始就註定好的。

義大利思想家萊奧帕爾迪在《思想錄》中留下這樣一句話：「要對別人隱瞞我們所知的侷限，最可靠的方法，就是不要越過界限。」

這番話提醒我們，如果沒有萬全的準備，就貿然進入自己無知的領域，這是相當危險的。

如果你並非猛虎，只是毛驢，那麼還是耐著性子，別急著動怒，多充實自己的實力，多觀察周遭的局勢，否則只知以拙劣的伎倆虛張聲勢，過度膨脹，有心人一試就知有無。

如果沒有本事，也沒有警覺性，危險當頭還視而不見，一味逞能，那恐怕很難全身而退。

要當老虎，不要當驢子。我們當然可以掩飾我們的弱點，才不會一開始就矮人一截，但是這樣的行為只是以時間換取空間，如果不能趁著這段蜜月期仔細觀察周遭環境，確實檢討出自己的弱點和極需加強的地方，暗中積極學習改善，等到時間

一久，各種問題和狀況交相出現，沒本事處理，再怎麼完美的掩飾也都會失效。

謙虛和虛假看起來差別很大，但是，兩者其實只有一線之隔，這條界線的名字就叫做「實力」。

心境決定你的處境

一個人不論幹什麼事，如果失掉正確的態度、恰當的時機，就會前功盡棄。
　　　　　　　　　　　　　　　——柏拉圖

嫉妒是破壞關係的殺手

情誼是需要灌溉與經營的，彼此互敬互諒，
才能長長久久；這麼難得的關係，為什麼要
讓嫉妒給輕易破壞了呢？

　　英國作家法蘭西斯‧培根在《人生論》一書中談到嫉妒，
他說：「人可以允許一個陌生人的發跡，卻絕不能原諒一個身
邊人的上升。」

　　對於這句話感觸最深的，恐怕就是三國時代的魏文帝曹丕
了。歷史上記載，曹丕繼承父親的遺志奪取了漢朝江山，在三
國鼎立的時代裡獨霸一方。曹丕並非不能接受良才，否則魏國
也不可能有辦法和吳、蜀兩國分庭抗禮，而他自己也堪稱是文
學武功皆盛的帝王，但是他一生裡卻有一個令他最為畏懼與介
意的人，就是他的親生兄弟——曹植。

　　為了完全擺脫曹植對他的威脅，他可說是不用其極。兩人
出於同宗，原本應該相互扶持，共創天下，但最後卻落得兄弟
相爭的局面。

　　利益衝突，即使是親兄弟也在所難免。然而，嫉妒是破壞
人際關係的殺手，曹丕排擠親弟弟是為了消除自己心頭的陰影，
但換個角度來看，他不也錯失了一位才華洋溢的得力助手？

本來，說不定靠著兄弟兩人的智謀才幹，彼此相輔相成，終可以徹底發揚魏朝榮景，但結局卻被下屬司馬氏所篡，國祚極短，這恐怕時曹丕所料想不到的吧！

俄國作家果戈里說：「在任何人身上都有其他人所沒有的某種東西；在任何人身上並不是每一條神經都比別人靈敏，而只有友誼的交往和相互的幫助，才會使所有人都能鮮明地、多方面地看清所有的對象。」

果戈里的這段話，強調了友誼互信的重要，失去了朋友和友誼，人生路難免窒礙難行。

情誼是需要灌溉與經營的，彼此互敬互諒，才能長長久久；這麼難得的關係，為什麼要讓嫉妒給輕易破壞了呢？

何不付出信任、彼此相助，讓你嫉妒的人也成為我們最忠實的朋友，一起在人生旅途上相伴扶持？

心境決定你的處境

世事本來就是起伏的波浪，人們只要能夠趁著高潮，一直往前走，就一定可以有所成就。　──莎士比亞

機運必須自己去耕耘

成就不在於幸運，
而是提升自己到足以抓握機運的高度。
如果自己不給自己機會去努力，
那麼永遠不可能會有成功的機會。

機運必須自己去耕耘

> 成就不在於幸運，而是提升自己到足以抓握機運的高度。如果自己不給自己機會去努力，永遠不可能會有成功的機會。

有許多工作不如意的人常常大嘆自己是沒有伯樂賞識的良駒，也有很多到處碰壁的人認為自己空有才能卻無人欣賞。其實，這些都是自欺欺人的說詞。這樣的人最需要明白的一件事就是——機會是不會憑空降臨的。

法國作家羅曼・羅蘭說：「幸運的背後總是靠自身的努力在支持著。一旦自己鬆懈下來，幸運也就跟著溜走了。」

英國哲學家培根則說：「意外的幸運會使人冒失、狂妄，然而經過磨練的幸運卻使人成為偉大。」

有時候，機會的到來或許會讓人誤解為是一種幸運，但是如果不曾事先耕耘醞釀，機會上門時，我們又怎麼辨別得出哪是一個機會呢？

戰國時代的縱橫家蘇秦的際遇就是最好的例子。他能夠官拜六國宰相，或許是他的時運，但是，如果他不曾徹底痛下苦心致力充實自己，縱使時局有了這個機會，恐怕他也不見得能把握得住。

能有這樣的結果，或許得歸功於他年輕時的受挫經驗。

他的成就不在於他幸運，而是他終於提升自己到足以抓握機運的高度。雖然他感嘆世人前倨後恭的虛偽，但卻很明白如果自己不給自己機會去努力，那麼永遠不可能會有成功的機會。也因為有過那樣傷痛的過往經驗，才能讓他痛定思痛徹底改變自己。

沒有人能永遠成功，當然，也沒有人會永遠失敗。陷入低潮的時候，心情肯定落到了谷底，這時唯有改變心境，才能改變自己的處境。

所謂「人窮志短」，意思就是說人在貧困的時候，有再大的志向也不得不先向環境妥協。

如果沒有足夠的毅力與耐力，咬著牙渡過這個難關，想要成功無疑難上加難，因為光是要應付生活上的問題，就足以將所有的豪情壯志漸漸消磨殆盡。

心境決定你的處境

青春的特徵是年輕活躍，有著激流般的熱情，和無邊無際的夢想，像白雪一樣純潔。——英國詩人艾略特

散發自信的光彩就會人人喜愛

何不讓自己成為光芒四射的太陽？不要做只能反射日光的月亮，更不要只成為一株空隨日轉的向日葵，生命不論悲喜，自己都當是主人。

愛美是人的本性，卻害苦了古今中外的無數女性。

日前聽到有人為了讓身材變得高，竟然不惜將腿骨鋸斷，打上螺絲鋼釘讓骨頭拉長，這種整形也未免太過火了吧！

這種不惜傷害身體所帶來的美，真的值得嗎？

看看自然界，各種動物大都是以雄性較為突出有特色，有的擁有美麗鮮艷的羽毛，有的具有動人的歌聲，然而為了求偶，這些雄性動物莫不使出渾身解數，博得雌性動物的青睞。只有人類最是奇怪，女孩子如果沒有美貌，情路肯定坎坷，即使天生貌美也可能落得紅顏薄命，這或許就是女人把自己看得太輕，卻把男人看得太重的原因使然吧！

如果女孩子打扮只是為了取悅他人，那麼所得到的快樂相信也一定是短暫的，因為只要有一點點委屈或自我犧牲的感受，這些快樂就會被消磨殆盡，只餘下悔恨與痛苦。

歷史上以色事人的悲劇，多得不堪勝數，例如曹丕的妃子甄宓，以善梳「靈蛇髻」且容貌美麗而聞名，然而再怎麼樣的巧手與精心裝扮，當她年老色衰時，終究逃不過失寵身亡的命運。

　　自古有云：「*以色事人者，色衰而愛弛。*」以美色得到恩寵，待年老色衰之時，便很難再保持原來的地位。

　　人都是如此，面對心儀的對象，自然希望自己的裝扮衣著，讓對方覺得好看，可是兩人的相處，除了外貌之外，更重要的是彼此的心意。

　　外在的美，終究會衰老，內在的美卻能歷久彌新，只有真心地彼此相待，爲對方設想，雙方的情感才能長久。

　　希臘哲學家蘇格拉底說：「*不要靠餽贈來獲得一個朋友。你必須展示真摯的情感，學習怎樣以正當的方法來贏得一個人的心。*」

　　男女互動也是如此，如果我們渴求的是一份真心，那麼就不該只在外表上做文章，如果自己不看重自己，別人自然也是會瞧輕了你。

　　多愛自己一點，自己將會變得更可愛；可愛的你，散發出自信的光彩，別人又怎麼會不喜愛你、想親近你呢？

　　何不讓自己成爲光芒四射的太陽？

　　不要做只能反射日光的月亮，更不要只成爲一株空隨日轉的向日葵，生命不論悲喜，自己都當是主人。

心境決定你的處境

　　我們應該在自己的心裡激起美好的理想，這種理想將成為我們的指路明燈，成為召喚我們前進的火光。

　　　　　　　　　　　——法國文學家福樓拜

保持理智，就不會冒冒失失

> 不受外在環境影響而在準備不足的狀況下倉
> 皇出擊，也是一種智慧。保持冷靜，判斷出
> 最好的局勢與策略，才能讓事情快速而又正
> 確地完成。

　　作家印埃斯曾說：「事情的成敗，是由心境造就的，在不
同的心境之下，有人功成名就，有人卻一敗塗地。」

　　在這個凡事都講求績效的年代，成功通常是因為行事冷靜，
找到解決問題的最佳途徑；至於失敗，通常是為了效率而失去
理智，做事冒冒失失。

　　做事講求績效，意思就是要「快又有效率」，這句話的重
點在於效率，能夠做得快固然很好，但最重要的還是要能做得
好。做事急就章，匆匆忙忙、隨隨便便，草草完成的東西如果
沒有好品質，最後不得不重新來過，那還不如多花點時間一次
處理完成來得恰當。

　　這樣的想法相信每個人都有，相信每個人也都懂，不過，
別忘了，事情沒有絕對，處理事情絕非只有一種方法，要懂得
因時制宜，有時候反其道而行，當時間不夠的時候，不妨利用
擴大空間的方式來爭取應變的時間。

　　總之，是你決定怎麼做，而不是外在環境逼著你不得不如

此做。只要保持理智，做事就不會冒冒失失。

英國政治家狄斯雷里曾經這麼說：「行動不受感情支配的人，才是真正的偉大。」

懂得忍耐，不受外在環境影響而在準備不足的狀況下倉皇出擊，也是一種智慧。

做事不拖延、掌握時效當然是正確的，但是，如果光為了追求時效而失去準則，冒失行動，就顯得不智。

英國有一句格言說：「理智一旦被衝動淹沒，行動的列車就會出軌。」

因此，當你在處理事情之前，必須先保持理智，做事才不會冒冒失失。

只有冷靜的人，方能找到解決問題的最佳途徑，讓原本棘手的事情，在轉念之間變得簡單。

不論做什麼事，都要保持冷靜，判斷出最好的局勢與策略，才能讓事情快速而又正確地完成。

心境決定你的處境

希望和耐心是每一個人的救命藥，災難臨頭時，它們是最可靠的依賴，最柔軟的椅墊。

——英國心理學家伯頓

讓步，也是一種藝術

> 先表現得以對方利益為重，實際上自己才是
> 真正得利者，這需要相當高明的技巧；處理
> 得好，是聰明人，但處理得不好可就會變成
> 愚人了。

　　好惡的影響力是非常強大，我們對於自己喜愛的人、崇拜的人、尊敬的人提出的要求，必定特別難以抗拒；反之，對於我們討厭的人、憎恨的人、鄙視的人、反對的人，態度則會特別嚴苛。

　　從這點我們就能充分了解，為什麼我們總是無法拒絕那些讓自己看起來比較順眼的推銷員，也會忍不住拿糖果輕哄連哭鬧都看起來很可愛的小孩。

　　討好，往往是為了達到某種目的，至於讓步，則是為了側過身再繼續前進。

　　所以，當我們有求於人的時候，就會想辦法討好與讓步，期望對方對我們產生好感，進而答應我們的要求。

　　這就是人性，誰也難以規避。即使是那自詡清流的人物，也免不了做出逢迎拍馬的行為，只是格調看起來高了一點罷了，本質上還是一樣的。

　　現實生活中只會唱反調，不懂讓步與討好的人，多半沒什

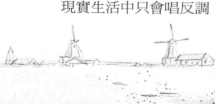

麼好下場，自己說得嘴破、累得要命，別人卻聽不進去、氣得
要死。

有一句話這麼說：「以退讓開始，以勝利告終。」

先表現得以對方利益為重，實際上自己才是真正得利者，
這需要相當高明的技巧；處理得好，是聰明人，但處理得不好
可就會變成愚人了。

想使用這個方法的人，可得小心謹慎，以不顯露自己的意
圖為上策。

心境決定你的處境

所謂人生，是一刻也不停地變化著的就是肉體生命的
衰弱，與靈魂生活的擴大。　——俄國作家托爾斯泰

能力與才氣要用在對的地方

> 欺騙，是一種惡劣的行徑；別人與你交易往
> 來，是基於彼此的信任，若是濫用別人的需
> 求，進行惡意的詐騙，那可真是可惡至極。

　　幽默大師林語堂先生相當推崇的清代詩人張潮，在《幽夢影》裡曾經留下這樣一段話：「花不可無蝶，山不可無泉，石不可無苔，水不可無藻，喬木不可無藤蘿，人不可無癖。」

　　這段話意在強調培養某些興趣的重要，林語堂也認為，如果一個人沒有任何興趣、癖好來舒緩自己的心靈，而光是勞勞碌碌地過完一生，豈不是太悲哀了嗎？

　　然而，興趣嗜好雖然重要，要是走火入魔、迷失自我而處心積慮「奪人所好」，可就不是件好事了。

　　要是白白浪費了自己的天分與才氣，而在品格有了瑕疵，別人對於你的能力也相對地打了折扣。

　　法國作家羅曼‧羅蘭說：「沒有偉大的品格，就沒有偉大的人，甚至也沒有偉大的藝術家、偉大的行動者。」

　　心之所欲不能得時，難免會讓人覺得沮喪，終日飽受誘惑折磨，更是一種難忍的痛苦。

　　如果是個愚人，不知自己有什麼其他的方法可以獲得之時，

可能也做不出什麼壞事；但如果是個有能力的人，說不定就會利用他的才智與技能，做出不正當的事情來，造成的危害也就更大了。

這種情況，正如捷克教育家夸美紐斯提醒我們的話語：「正如田地愈肥沃，蒺藜愈茂盛一樣，一個絕頂聰明的心裡如果不去布下智慧與德行的種子，它便會充滿著幻異的觀念。」

人生最重要的事是讓精神世界獲得滿足與發展，要是永無歇止的慾望讓我們的索求越來越多，我們的心靈就會填滿許多無謂的需求。

因為必須追求更多，我們只能顧慮到自己，因為難以填滿胸臆的慾念，我們便會任由焦躁的慾望牽著自己的鼻子走。

所以，愈是聰慧的人，愈要小心導引自己走上正途。

心境決定你的處境

不要害怕生活，堅信自己的生活是值得去生活的，那麼，你的信念就會有助於創造這個事實。

——美國心理學家詹姆斯

唯有鍥而不捨才能有所獲得

堅持到底，目標終會到達，夢想終會實現；
想要高飛遠颺，唯一的方法，就是發動引
擎，不斷加油。

　　莎士比亞說過：「千萬人的失敗，都是失敗在做事不徹底；
往往做到離成功尚差一步，就終止不做了。」

　　想要成功，當然要懂得方法與手段，然而，在諸多手段與
方法之中，最重要的一種，就是恆心。

　　人，只要能用「鍥而不捨」的精神奮鬥，最後就一定能取
得成功。

　　中國著名的思想家荀子曾經寫過一篇名為〈勸學〉的文章，
其中他就以鏤刻金石來比喻學習要持之以恆、堅持不懈的重要
性。荀子強調，如果刻了一刀就停下手，那就算是爛木頭也一
樣刻不斷，但是如果一刀又一刀不停地刻下去，那麼就算是硬
如金石，也照樣刻得穿。

　　荀子說：「不積跬步，無以至千里；不積小流，無以成江
海」，意思是沒有一步一步地走，不會到千里之遠；不是一條
一條小河的水匯合起來，不會成為江海。它用來比喻學習是一
個由少到多、日積月累的過程；高深的學問和淵博的知識，也

是一點一滴積累起來的。

　　讀書一定要努力不懈，不斷將從前所學與新求的理論加以融會貫通，才能將學問真正深入瞭解，如果半途而廢，原先的努力因此而中斷，下一次想再學習時又得從頭學起，豈不是白白浪費了時間嗎？

　　滴水穿石，繩鋸木斷，若真能鍥而不捨，持之以恆，再難的事又有什麼做不到的呢？反之，得過且過、因循苟且，最終不免功虧一簣，前功盡棄。

　　美國詩人愛默生寫過這樣的句子：「如果我們在心中有個目標，就像是提出一個飛行計劃，並從直線的路線穩定地朝前方飛去。如果我們能夠堅持穩定的心態朝向目的地前進，即使有亂流來襲，我們也可以飛得更高或平穩地穿越它。」

　　堅持到底，目標終會到達，夢想終會實現；想要高飛遠颺，唯一的方法，就是發動引擎，不斷加油。

　　涓滴細流終究能匯聚成海，凡事只要有心去做、能持之以恆，即使遇上再大的困難，終究有成功的一日。

心境決定你的處境

在現實生活中，大事與小事，可笑的事與痛苦的事，
組合成一首奇妙無比的旋律。　——美國作家摩里斯

先要求自己，再要求別人

> 要求的話語是如此容易說出口，只是，我們
> 是否暗自反省過，對於那一長串要求清單裡
> 的項目，我們自己能夠做到多少。

　　武俠小說奇才古龍最崇尚「返璞歸真」的哲理，在他的書裡處處可見如此意味的文句，諸如《彩環曲》裡說：「許多至高至深的道理，都是含蘊在一些極其簡單的思想中。」

　　《失魂引》裡說：「越容易的事越難被人發現，越簡單的道理就越發令人想不通。」

　　《邊城刀聲》中說：「世界上有很多看來很複雜玄妙的事，答案往往都很簡單。」

　　相同的道理，理想看起來很遙遠，可是從周遭最容易得到的部分著手，就是一種趨近理想的行動。

　　凡事從頭做起，從基本做起，我們將會發現事情的本質，其實很單純，也很簡單。

　　仔細想想，人生不就是如此嗎？許多難事之所以難，就是因為有了慾望的迷障，一旦剔除了那些枝枝節節，問題就很清楚地呈現了出來。

　　很多時候，我們並不是不知道該怎麼去做，而是不確定自

己是不是真的想那麼做。

　　美國科學家愛迪生也曾經說過這麼一段很有意思的話：「每個人都會開列出一張長長的清單，要求他的朋友應具備哪些美德與良好的品格，但卻很少有人願意照著自己的清單去培養自己的品德。」

　　人就是這樣，總是很容易去要求別人，動不動就開出一大串的條件，希望別人遵守，例如「你不該遲到」、「你不能對我說謊」、「你要愛我」、「你要尊重我」……。

　　要求的話語是如此容易說出口，只是，我們是否暗自反省過，對於那一長串要求清單裡的項目，我們自己能夠做到多少？

　　下一次，在開口要求別人之前，不妨先試著要求自己。

　　或許，最後我們會發現律己之後更能容人，因為當我們明白要成為一個完美的人有多麼不容易，我們也就更能容忍別人的不完美。

心境決定你的處境

人是生命鏈索中的一環，生命的鏈索是無窮無盡的，
它通過人，從遙遠的過去伸向渺茫的未來。

　　　　　　　　　　　　——俄國教育家柯羅連科

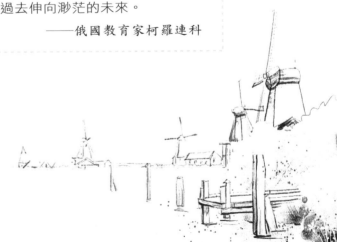

改變想法，
就能改變你的看法

唯有願意放開一切既定的成見與包袱，

真正去了解別人的長處與優點，

才能得到誠摯的情誼，

也才能跳脫原本的窠臼。

改變想法，就能改變你的看法

唯有願意放開一切既定的成見與包袱，真正
去了解別人的長處與優點，才能得到誠摯的
情誼，也才能跳脫原本的罣礙。

　　思想家塞涅卡說過：「重要的不是你活了多久，而是你活
得是否自在？」

　　只要是人，都希望在自己的生活中有一個不容許任何人鑽
進來的自在角落，然而，想要達到這個目標，就在於你的內心
是否擁有一個不受任何拘束的心靈空間。

　　當一個人剛剛投入一個新環境，對於各個方面都需要重新
適應，諸如語言、生活方式、甚至風俗民情……等等，然而，
其中最重要的，應該還是心態上的調整。

　　待人處事的態度總是取決於一念之間，悲觀的想法，往往
注定了悲觀的結果，只會使得自己沈浸在鬱鬱寡歡的境地，無
形中喪失了前進的動力，忍不住就想退縮。

　　但是，若能轉念一想，以不同的角度出發，說不定反而能
尋覓到另外一片不同的風景。

　　站在口向外望，你眼中看到的，是一地亂糟糟的稀泥，還
是滿天閃爍的星斗？

歌德曾經寫道：「人生最大的快樂，並不在於最後佔有什麼，而在於追求什麼的過程。」

其實，真正的自在生活，並不是什麼也不做，而是能夠不在乎結果，依照自己的意志去做對生命有意義的事情，因為，只有能夠把生命的過程和結果聯接起來的人，才是最幸福、最自在的人。

想要生活過得自在，必須先敞開真心，去接納他人。唯有願意放開一切既定的成見與包袱，真正去了解別人的長處與優點，才能得到誠摯的情誼，也才能跳脫原本的罣礙。

以尋覓星光的態度出發吧！至於滿地無謂的爛泥，不如就踩在腳底，拋在身後吧！

心境決定你的處境

最明亮的歡樂火焰大概是由意外的火花點燃的。人生道路上不時散發出芳香的花朵，也是從偶然落下的種子自然生長起來的。　　　——英國作家約翰遜

第一印象就是征服的力量

> 第一印象就是征服的力量，想要成功打入某
> 一個團體，首先就要懂得投其所好，運用得
> 當的話，在第一印象上就佔了先機。

　　想要有所成就，必須要先有機會做些出色的事；要先有機
會做事，才有機會把事情做好。

　　所以，想要在這個社會上佔有一席之地，第一件事就是要
先樹立好自己良好的外在形象，這個外在形象並不單單指一個
人的衣著打扮，而是包含了行事的氣勢、態度……等等的總體
形象。

　　藉由這個形象，就可以確定你是不是能夠得到比別人更多
的機會，是不是能夠得到別人更多的信任。

　　成功地為自己樹立了良好的第一印象，就意謂著透過待人
處世，在成功之路的起點，安置了一塊墊腳石。

　　「敬人先敬羅衣」這句話在高級百貨公司的專櫃小姐身上，
印證得最為徹底。彷彿只有打扮得像是上流社會人士的顧客，
才能得到服務人員不一樣的對待；彷彿只有小費給得大方，才
能看見服務人員的可掬笑臉。

　　當然，我們可以說這些人勢利，但是我們可曾想過，其實

我們不也會對外表姣好、服裝儀容打扮得體的人另眼相待？總之，「以貌取人」就是一種人之常情。

第一印象就是征服的力量，想要成功打入某一個團體，首先就要懂得投其所好，運用得當的話，在第一印象上就佔了先機。

只是，裝飾了表面之後，千萬別忘了要充實裡子，就像美國總統喬治·華盛頓所說的：「對於一個明智和懂事的人而言，衣著的第一要求應永遠是得體和整潔。適當地注意服飾是必要的，但這並不是說，如果一個人已經有了兩三件很好的衣服，只要流行的式樣稍有變化，就要做一件新上衣或其他衣服。一個熱衷於帶頭講時髦，或緊趕時髦的人，在明智的人看來，他除了經常更換衣服以外，就再沒有更好的東西能引起人們對他的注意了。」

形象必須和內在相得益彰，否則偽裝不幸遭人識破的時候，那麼就和赤身裸體沒什麼兩樣，丟臉可就丟大了。

心境決定你的處境

生活之所以美好，是因為我們永遠有一顆年輕善良的心，在我們的生命裡成長、開花。——俄國作家高爾基

以平常心看待福禍

不管是好兆頭或是壞兆頭，在解讀之時都不要膨脹過頭，也不要隨之起舞，生活也就會變得單純快樂多了。

「衰」是一種不好的感覺，有的時候倒楣的事連環出現，彷彿什麼事都不順利、不圓滿，不禁讓人心裡覺得很沮喪，左思右想到底是什麼時候沒燒香拜拜，或是招誰惹誰了，才會變得這麼「衰」。

如果放任自己繼續沉浸在那種憂愁的情緒裡，只會讓這種感覺繼續加乘下去罷了，最後什麼事都不能讓我們感到快樂，因為心實在太過於沉重了，堆積了太多患得患失的念頭。

既然如此，為什麼不一股作氣地把這種情緒改變呢？

強迫自己換一個角度來設想，說不定可以見到另一番風景。

「塞翁失馬」是大家耳熟能詳的故事，提醒我們人世的福福互為表裡，順境逆境也是一體兩面。

塞翁不以物喜，不以己悲，其實是一種豁達的想法。生活中很多事，看福是福，看禍是禍，能夠像塞翁一般以平常心看淡一切事物的福禍，其實也未嘗不是一件好事。

有位生活導師告訴我們：「如果一直到早上十點都能夠保

持好心情的話，那麼一整天都能夠得心應手。」

　　想要快樂就必須要學會拋棄自怨自艾的念頭，遇到不好的事情，如果能轉念想想是否可以從其中學習到珍貴的教訓，其實也頗有意義，不是嗎？

　　把負面的想法拿來當作參考的基準，反正最壞不過如此，無論何時何處都能保持向上的姿態，原本「失」的想法，就能被轉換為「得」。

　　方法是人想出來的，就好像一名不擅長打反手拍的網球選手，就想辦法加快腳勁，追過了球，旋過了身，豈不又變成可以正手拍擊球的場面嗎？

　　不管是好兆頭或是壞兆頭，在解讀之時都不要膨脹過頭，也不要隨之起舞，生活也就會變得單純快樂多了。

心境決定你的處境

如果一個人的心中缺乏一盞指路明燈，那麼，它的生活將是醉生夢死的。　　——法國哲學家伏爾泰

等待機會，不如尋找機會

如果我們手比別人短些，眼睛比別人鈍些，跳得又不高，機會怎麼也抓不著，那麼不如多花點力氣自己來創造一個機會吧！

英國實業家兼激勵大師史邁爾斯在《自助論》一書中說道：「如果良機不來，你就自創良機。」

這句話說明了把握機會的價值與重要性，懂得把握機會的人，就像是知道如何乘著浪頭風勢前行的風帆選手，不只能夠得到適當的助力，只要控制得當，還能因此先馳得點，比別人早一步成功。

可是，機會是不可能平白從天上掉下來，被砸中的機會更是渺茫，人們只得先出手，以求能得到更多的機會。

如果，你自認運氣不夠好，等了好大半天，機會都不來一個，那麼與其坐著枯等，還不如學學毛遂自己來找機會、創造機會。

美國鋼鐵大王安德魯・卡內基曾引用《智慧的錦囊》裡的話說：「能把面前行走的機會抓住的人，十次有九次都會成功，但是懂得為自己製造機會，阻絕意外的人，每次都穩保成功。」

戰國時代的毛遂就是很好的例子。毛遂原本一直苦無機會

發揮自己的才幹，但他並不因此喪氣，不斷磨練自己的學問與口才，所以當他終於有機會為平原君效力的時候，便一舉讓大家知道他的真才實學。

他很清楚知道自己的能力在何處，當然不願意甘於當個平凡食客，因此當機會出現，他便挺身而出，果然有了很好的表現，令人刮目相看。

他的口才極佳，善言能辯，是極為優秀的外交人才，在楚國殿上，勇氣十足，反而以氣勢壓過在場眾人，條條有理地分析天下的局勢，不卑不亢地陳述平原君的來意，並分析楚國幫助趙國可獲得的好處，動搖楚王的心防，終於得以圓滿地達成了任務，也證實了自己的能力不是憑空吹噓。

如果毛遂自始至終都在苦等平原君的青睞，那麼他可能從頭到尾都只是一名沒沒無聞的小食客，令周遭的人看輕。

如果我們手比別人短些，眼睛比別人鈍些，跳得又不高，機會怎麼也抓不著，那麼，不如多花點力氣，自己來創造一個機會吧！

心境決定你的處境

希望是熱情之母，它孕育著榮耀，孕育著力量，孕育著生命；希望就是世間萬物的主宰。──普列姆昌德

與其消滅敵人，不如增加盟友

> 以時間換取空間，以不流血、不衝突的方式，
> 無形之中，也能達成敵消我長的目的。

由於處事的立場不同，自然會有所謂的「敵友之分」，但是否一旦成為敵人，就永遠不可能成為朋友？是否彼此的意見不同，就非得要互相敵對，誓不兩立，如同莎士比亞筆下的羅密歐與茱莉葉家族，還得世世為仇，直到犧牲了羅密歐與茱莉葉的愛情為止？

其實，世上沒有永遠的朋友，也沒有永遠的敵人，一旦雙方的立場改變，局勢也將隨之改變。

與其花費心思去消滅一個敵人，不如試著讓自己增加一位盟友。因為，當所有的人都成為你的朋友，哪還有什麼敵人可言？

美國總統林肯之所以善待每一位有機會共事的人，是因為他知道世事變化如此難料，今日的敵人，有朝一日，說不定會成為自己成功的推手。

朋友，是人生的寶藏之一，有了朋友的支持與激勵，即使是一句話、一個眼神，都可以讓自己在關鍵的時刻中，擁有一

分安心的力量，生出強烈的信心，推動著自己勇敢地朝著目標前進。

然而，我們也需要敵人，因爲有了敵人的刺激，可以讓自己冷靜下來，正視自己當前的處境，正視自己的弱點。當你有了競爭的對象，也才能帶來更上一層的成長。

如果一味以仇視的態度去處理事情，去看待敵人，不只預設的立場容易使自己蒙蔽了理智，更使得周遭硝煙味十足，隨時都可能擦搶走火，最後造成兩敗俱傷的局面。

倒不如仔細地思索，看看是否能尋找有利於自己的契機，妥善加以運用；找尋可能爲自己所用的人才，慢慢加以拉攏，一點一滴慢慢地擴大自己的勢力。以時間換取空間，以不流血、不衝突的方式，無形之中，也能達成敵消我長的目的。

當然，人不能單純到認爲這個世界沒有壞人，但是，最聰明的人，會懂得如何和壞人做朋友，在把持住自己的原則之下，儘量化敵爲友，掌握住致勝的契機。

心境決定你的處境

多一個真正的朋友，就多一塊陶冶情操的礪石，多一分戰勝困難的力量，多一個銳意進取的伴侶。——培根

有足夠的耐心才能美夢成真

> 當你有了足夠的耐心，有了吃苦的決心，有
> 了堅持的毅力，你想要的夢想，才有可能經
> 由你的手變得真實。

有位哲人說過一句值得我們深思的話語：「一個人可以擁有一碗的知識，一桶的賢明，以及像大海一樣多的忍耐。」

很多事情都不是輕輕鬆鬆就能獲得的，如果沒有足夠的耐心，如何能順利克服成功之前的種種阻礙？

想要美夢成真，首先必須訓練自己的耐心。

當你覺得眼前的際遇讓自己無法忍受時，不妨想想張良和圯上老人的故事，把它當成磨練。張良雖然覺得老人無禮的要求很為難，但本著敬老尊賢的心態，不多加計較，還是一一完成了老人的要求。

老人故意態度惡劣，是為了要測試張良心性是否能夠穩重鎮定，不妄下判斷，張良的表現令老人相當滿意，受到老人糾正過的，便決心改正不再犯，老人由此看出張良的資質及能耐得了苦的性格，才決定授他兵法。

做人做事也是如此，唯有能夠虛心受教、認真學習，才能真正瞭解別人所要傳達的知識和經驗，也才能有所獲得。

　　奧地利作家卡夫卡曾在著作中說：「**忍耐是唯一真正可以使人的夢想變為真實的根本。**」當你有了足夠的耐心，有了吃苦的決心，有了堅持的毅力，那麼，你想要的夢想，才有可能經你的手進而變得真實。

心境決定你的處境

　　一個人感興趣的事情越多，快樂的機會也越多，而受命運擺佈的可能性也越小。　　——英國哲學家羅素

得饒人處且饒人是一種寬容修養

> 有時候對付可惡的人，要懂得「得饒人處且
> 饒人」，這不只是一種寬容的修養，也是一
> 種勸人向善的作為。

　　這個世界上有好人也有壞人，我們當然應該要尊敬品德高尚、修養良好的好人，但並不代表我們就可以任意輕蔑污辱那些所謂的「壞人」。

　　《聖經》故事中，耶穌阻止眾人對一名妓女丟石頭，祂說：「自認為自己從沒做過錯事的人，可以對她丟石頭。」結果，每個手拿石頭的人最後都把手放了下來。

　　人生在世，誰能無過呢？

　　每個人難免都會有做錯事的時候，只是做得多與做得少的差別罷了，重要的是要有知錯能改的心意。

　　所謂「勸人向善」，之所以使用「勸」這個字眼，就是強調人的行為是不會受外力脅迫而改變的，唯有自己打從心底想改變，才改變得了。

　　所以，只能勸、只能教而不能「要」，因為「要」只是一廂情願的想法，改不改還是對方自己的決定。

　　當有人做了壞事，一味地指責他卻無法令他心生悔改，那

麼這個指責便是無用的。有句話說：「可憐之人必有可恨之處」，但回過頭想想，那可恨之人的所作所為是不是也會有什麼難言之隱呢？

因此，有時候對付可惡的人，要懂得「得饒人處且饒人」，這不只是一種寬容的修養，也是一種勸人向善的作為，因為我們希望用善的力量來引出更多的善，最後達成我們希冀的目標。

要引發善心，第一步就是要以善的態度，引出對方的羞恥心，使他真心悔悟自己的錯事，才有機會改錯為正。

義大利有一句俗諺是這麼說的：「做好事比做壞事的代價低。」

這是說，雖然做好事不一定能讓我們見到立即的效果，但是做壞事卻可能會得付出驚人的代價。剛開始，或許真的是逼不得已而鋌而走險，但是，隨著犯罪的頻率增加，罪惡感和羞恥心就會逐步淡去，那麼對於壞事本身也習以為常，自然是不覺得自己有什麼不對了。

因此，想要讓人改過遷善，就要讓那些他們打從心底根除想做壞事的想法，才是根本的解決之道。

心境決定你的處境

一個人如果有自己的興趣愛好，無論走到哪裡，都能自娛自樂，欣喜不已。
——美國作家亞當斯

叮嚀自己保持好心情

多數人之所以一直感到沮喪，

就在不肯打開心房，

讓愉快、希望、樂觀的陽光灑入，

終日緊閉著心扉，

以致於活在灰澀陰暗之中。

心境決定你是否擁有彩色人生

> 無論遭遇到什麼不順心的事情，你都要把自己從逆境中拯救出來。千萬要記住，心境決定你的處境！只要你願意背向黑暗，迎向光明，陰影自然會被遺留在身後！

　　作家賀伯曾經勉勵我們：「雖然你無法改變自己的處境，但是你卻可以改變自己的心境。」

　　的確，當你沒有能力改變自己的處境時，唯一可以改變的就是你的心境。只要你願意改變自己原本不肯面對困境的心境，那麼你就會恍然發現自己所處的困境，並不像自己原本想像的那麼糟糕。

　　當生命如輕柔滑順的樂章，自然會使人們覺得歡欣。但是，真正有價值的人，卻是在逆境中還能保持微笑著的人。

　　一個能夠在行事不順時還帶著笑著的人，要比處於困境時便瀕臨崩潰的人還容易成功。當一切事情都與自己的心願相違，還能微笑的人，其實就已經具備了成功的特質，因為，這不是一般人所能做到的。

　　許多人往往無法在他們擅長的領域獲得成功，原因在於他們遭遇失敗之後，成了沮喪情緒的俘虜。

　　憂鬱、陰沉、頹廢的人，在社會上是無法得到他人認同的，

也毫無人際關係可言，因為，每個人見到他們都會敬而遠之。

人會本能地接近那些和藹可親、幽默風趣的人，而不喜歡和個性憂鬱、陰沉的人相處。因此，如果我們希望別人喜歡我們，就必須先使自己成為和藹可親、樂於幫助別人的人。

法國文豪羅曼羅蘭說：「人生原是與苦俱來的，不要沮喪人生的痛苦，應該在痛苦中學習、修養、覺悟，在苦難中發現我們內蘊的寶藏。」

因為，一遇到瓶頸，就只會選擇沮喪、退縮的人，根本就無法深刻地體會，當生命遭遇困難之際，就是人生開始風雲變化的時候……

人不應該使自己淪為負面情緒的奴隸，任由自己的人生被負面情緒支配。無論遭遇到什麼不順心的事情，你都要把自己從逆境中拯救出來。千萬要記住，心境決定你的處境！只要你願意背向黑暗，迎向光明，陰影自然會被你遺留在身後！

俄國詩聖普希金曾經寫道：「大石攔路，弱者視為前進的障礙；勇者視為前進的階梯。」

的確，我們如果可以將阻攔自己的人生苦難，化為追求生命喜悅的動力，那麼，我們怎麼還會有時間躲在角落裡沮喪呢？

許多人之所以陷入哀愁憂傷的情緒中，都是作繭自縛。因為，他們常常以頹廢沮喪的心情，來阻礙自己的生命發展。

不管遭遇什麼事情，都必須勇敢果斷地面對，對自己充滿信心，抱著對生命樂觀的態度。

然而，一般人遇到不順利的事情時，或是處在不幸的境遇，無法從痛苦的漩渦超脫時，往往會放棄自己，任由頹喪、懷疑、恐懼、失望等情緒左右，導致自己辛苦經營的事業、婚姻、幸

福毀於一旦！

　　這有如辛苦地攀登山峰，抬頭見到峰頂就在眼前，卻在回憶過往的辛苦時一不小心失足墜下，不但前功盡棄，也葬送了自己的幸福。

　　作家歐文曾經寫過：「同一個天空，為何有人認為它是藍色的，有人卻會認為它是灰色的。」

　　人生過程當中，所有發生在於我們身上的順境或逆境，其實都是由心境所造成的。只有心境才能決定我們看到的天空是「藍色」還是「灰色」，只有心境才能決定我們的處境是逆境還是順境。

心境決定你的處境

　　心靈要保持適當的寬鬆，不能總是執著於外在的財富，為了金錢而操心和勞作。　　——英國哲學家休謨

叮嚀自己保持好心情

多數人之所以一直感到沮喪，就在不肯打開
心房，讓愉快、希望、樂觀的陽光灑入，終
日緊閉著心扉，以致於活在灰澀陰暗之中。

許多心靈導師所說的人生哲理，都在教導我們如何消滅我
們心中的敵人——頹喪、懷疑、恐懼、失望……等等負面情緒。

要驅除這些負面情緒並不是一件容易的事，但卻是人生流
程中的重要課題。

其實，只要你能培養積極樂觀的思維習慣，就有可能使自
己的生活過得更加璀璨。

假使你能緊閉你的心扉，拒絕那些試圖奪去你愉悅心情的
負面思想進入，不讓它們闖進你的心中，你就會明白，煩悶憂
愁都是你自己招惹來的，而不是它們主動找上你的。

努力保持愉快的心情是很重要，萬一你沒有這種習慣，只
要你肯努力叮嚀自己，不久你也會擁有這種愉快的心情。

有一個精神科醫生告訴病患，他發明了一種治療憂鬱症的
簡單方法。

他勸告病人說，在任何情況下都要面帶微笑，強迫自己無
論心中高不高興都要保持笑容。

　　「笑吧！」他對病人說：「持續笑著吧！不要收起你的笑容！至少試著把你的嘴角微微往上揚。只要你肯保持笑容，你就感覺自己的心情好很多！」

　　很不可思議，但這位醫生就是用這種極為簡單方法，治癒很多病患的憂鬱症。

　　把最煩人的憂鬱，在數分鐘之內趕出心中，對精神狀況良好的人來說很容易做到。

　　多數人之所以一直感到沮喪，就在不肯敞開心房讓愉快、希望、樂觀的陽光灑入，終日緊閉著自己的心扉，以致於活在灰澀陰暗之中，殊不知，只要外面的一縷陽光射入，就會立即驅逐那些只能在黑暗中生存的負面思想！

心境決定你的處境

　　給你的朋友以時間，給你的妻子以閒暇，放鬆你的頭腦，讓你的身子休息，這樣你就能更好地完成你所習慣的工作。

　　　　　　　　　　　　——費德魯斯《寓言集》

以寬厚的心情對待自己

無論遭遇到什麼困境，不要只想到不幸和痛
苦，應該多回想一些愉快令人欣喜的事情，
以最寬厚的心對待自己，你種下快樂的種
子，自然會收穫快樂的果實！

當你感覺到憂鬱、失望時，只要你努力改變週遭環境，你
將會體驗到一股神奇的精神力量正在挽救你的心境。

無論遭遇到什麼困境，不要只想到不幸和痛苦，應該多回
想一些愉快令人欣喜的事情，以最寬厚的心對待自己，對自己
或週遭的人說些一些風趣幽默的話。

如此，你便是種下快樂的種子，自然會收穫快樂的果實！

這時，遮蔽你心田的那些厚厚的黑雲將會逃走，而快樂的
陽光必會照亮你的生命！

儘量告訴自己，不要去回想那些不愉快的事情，或是挖掘
那些沉澱在心中的酸澀記憶。因爲，那些負面情緒會讓你產生
負面思想與暗示，將會對你造成不良的影響。

當你陷入低潮的時候，不妨試著去尋找一處精神轉換所，
讓自己融入生動有趣的環境，找出可以使自己發笑、使自己讚
嘆或忘神的事物，這將會使你的心情產生全新的改變。

這種神奇的變化，有人可以在風趣幽默的交談中找出，有

人會在扣人心弦的影片中尋獲，有的則在認真工作中發現，或者在埋首於一本有趣或激勵性的書本中尋出，也有可能在閒逸舒適的休憩中出現。

　　如果你是一個喜歡大自然的人，海濱、山野都是很好的精神轉換所，是治療憂鬱的最佳場所，往往只需花一個小時的時間，在灑滿陽光的山林小徑或潔淨沙灘上漫步，便能快速改變你的精神狀況。

　　當憂鬱的陰影被陽光照透，頹喪的迷霧就會逐漸散去，此時，你便會感覺到自己如同重獲新生一樣的美好。

心境決定你的處境

　　自然像我們伸出歡迎的手臂，請我們享受它的美；但是，我們卻畏懼它的寂靜，衝到擁擠的城市，像逃避惡狼的羊群一樣擠成一團。　——紀伯倫《主之音》

不要讓心情影響你的決定

很多人往往只因在人生道路上一時受到挫折
與刺激，便灰心喪志地拋棄自己的理想，轉
而走向其他自己並不喜歡的道路，最後因為
抉擇錯誤而遺憾終身！

　　當你處在憂鬱或覺得頹喪的時候，千萬不要做出任何重大
決定或莽撞行事。

　　因為，那種不健全的心態，往往會造成你判斷錯誤，一念
之差走入歧途。

　　當一個人覺得自己痛苦、失望、煩憂的時候，他所做的決
定，往往只是為了逃避眼前所面臨的困境，而無法顧及最後可
能造成什麼不良結果。這就像有些女性在感情上遭到極度失望
或痛苦時，便會退而求其次，決定嫁給那個可能是愛她，但並
非她所愛的男子。

　　有些人在事業上遭到重大的挫折時，往往選擇逃避，自甘
墮落地陷入破產的命運，殊不知一旦他們肯咬緊牙關繼續努力，
便能渡過難關，得到最後的成功。

　　有的人遭受到強烈的刺激與痛苦時，便萌生自殺的念頭，
雖然他們明明知道，此時的痛苦只是暫時的，時過境遷必然能
獲得解脫。

但是，當他處於痛苦不堪的當下，便很難理智地對自己的境遇，下正確的判斷。

　　種種的例子都說明，我們的精神或身體在遭受鞭笞般的痛苦時，是無法善用我們的理智進行判斷，對於事物更無法作出明確的分析和預測。

　　殊不見，很多人往往只因在人生道路上一時受到挫折與刺激，便灰心喪志地拋棄自己的理想，轉而走向其他自己並不喜歡的道路，最後因為抉擇錯誤而遺憾終身！

　　要一個人在希望破滅，周遭的環境十分黑暗、悲慘時仍然保持樂觀的心境，善用理智決定事情，是十分困難的事，但唯有遭遇這樣的環境，我們才能知道自己究竟屬於哪一種人！

　　因此，測驗一個人最可靠的方法，就是在他的事業處於危險時，命運之神也捉弄他，甚至連親朋好友都嘲笑他不識時務時，他是否還能堅持自己的心志與事業。

心境決定你的處境

　　如果所有的人都把自己的煩惱，拿到市場上去同他們的鄰人交易；任何人看到了別人的煩惱之後，都寧可把自己的煩惱重新搬回家去。──希羅多德《歷史》

把自己變成一塊吸引朋友的磁鐵

其實，你也可以將自己變成一塊大家樂於接近
的磁鐵。只要你願意在日常生活之中，處處表
示出愛人與友善的精神，樂於助人的態度，便
能吸引別人成為你的好朋友。

「唉！我真希望，我能多吸引一些朋友，成為一個受人歡
迎，別人樂於親近的人啊！」

天底下不知有多少人因為生性孤僻，而讓人們不想接近、
靠近他們，和他們做朋友，使他們無法享受到無價的友誼帶來
的快樂，以至於落落寡歡地發出這樣的吶喊！

但是，他們不知道，要實現這個願望——結交朋友，其實
並非難事；只不過這個願望能否達成，必須靠自己身體力行去
實踐，無法借助他人的幫助。不管你身處怎樣的逆境，遭遇到
如何困難，都必須在言行舉止之間，表現出自己親切、和藹、
可愛的個性，以及令人愉快的精神，使人們在不知不覺中主動
來親近你。

人品敦厚、個性可愛的人，會到處受人歡迎，比那些個性
孤僻的人，在事業上更有成功的機會。

其實，你也可以將自己變成一塊大家樂於接近的磁鐵。只
要你願意在日常生活之中，處處表示出愛人與友善的精神，樂

於助人的態度，便能吸引別人成為你的好朋友。要知道，如果一個人只會想到自己，只會為自己打算，是會受人唾棄的。

假使你想多結交一些真心的朋友，首先，你必須要有寬宏大量的心胸。因為，全世界的人都樂於親近胸襟寬闊的人。因此，你要常常發自內心去讚美別人，發掘別人的優點，不要老是注意別人的缺點！

對於習慣輕視別人，對別人的行為吹毛求疵的人，或是一看到別人行為上的缺失，便冷嘲熱諷的人，應該特別留意，因為，他們並非誠實可靠的人。

輕視與嫉忌他人的人，其實是心胸狹隘、心理不健全的。這種人從來不會承認別人擁有什麼優點。縱使有某個人眾望所歸，而且優點獲得大家公認，心胸狹隘的人也只會用「只不過」、「充其量」……等等輕蔑的語氣，來表示自己對他感到懷疑，企圖降低他的信譽。

因此，心胸寬大的人，看到別人的優點總是比缺點還多。相反的，心胸狹窄的人，目光所及都是別人的過失、缺陷與醜惡。

心境決定你的處境

我拿我溫柔恭順的關懷，寬慰你不幸的命運，守護你睡夢的時刻，守護煩惱朋友的安寧。

——普希金《高加索的俘虜》

誠意會讓你散發魔力

> 只要肯改變自己的心態，以真心去關懷別人，
> 對別人的事務也感到興趣，那麼，身上立即就
> 會散發出一種吸引別人的「魔力」。

　　有個人不知道為什麼大家都不歡迎他，每當他去參加聚會，別人見到他都會退避三舍，當別人縱聲談笑，氣氛十分融洽熱絡之時，他總是一個人百般無聊的坐在角落。

　　而且，當他偶而想融入人群之中，他的身上就像會發出「離心力」似的，讓人們紛紛離去，不久他又回復原來的孤獨狀態。

　　因此，幾乎朋友之間的聚會都不邀請他，使他覺得自己彷彿是不存在這個世界上的人，活得了無生氣。

　　像這種在人群中缺乏吸引力的人，世上其實相當多，他只不過是其中一個代表罷了。

　　這種人之所以不受歡迎，全在他們自己本身的因素。他們雖然本事很高強，工作很能幹，心裡也希望和別人親近，但是卻無法如願以償。

　　而且，他們會很懊惱的發現，能力比他們還低的人到處受人歡迎，自己反而受人排斥。

　　他們無法了解到，自己之所以不受人歡迎，關鍵就在於充

滿自私心態。最常見的是，他們凡事總是為著自己打算，絕不肯花一點時間去為他人著想。每次和別人說話時，總要把話題扯到自己身上去。

一個人倘若老是表現得很冷漠，只會照顧自己，為自己打算，那麼，他一輩子一定結交不到知心的朋友。

但是，只要他肯改變自己的心態，以真心去關懷別人，對別人的事務也感到興趣，那麼，他身上立即就會散發出一種吸引別人的「魔力」，在和別人相處之時，會從先前的「相斥」變成「相吸」。

假使他能常常設身處地為別人著想，處處照顧別人的利益，別人自然會給他相同的回報。

心境決定你的處境

最堅固的友誼是在苦難中形成的，正如最熾烈的火，能把鐵最牢固地鎔鑄在一起。——科爾頓《精闢之言》

遇到困難不能向後轉

有許多人都因為壯志未酬，而在悔恨自責中
度過自己的下半生，問題就出在，面對前進
與後退的抉擇時，沮喪的情緒及懦弱的想
法，使他們選擇了「向後轉」！

　　一個人最需要勇氣、耐性與毅力的時候，無非是人生際遇
十分黯淡、不順利之時。

　　此時，「向後轉」的想法常常會引誘他放棄自己的理想。

　　尤其是當眾人百般嘲諷譏笑的時候，他的心中更會產生自
我菲薄的想法，暗示自己永遠也走不出一條康莊大道。

　　有許多人在就業或創業過程中，一遭受挫折，或心中充滿
失敗的念頭，便會決定放棄。殊不知，如果他們能夠繼續忍耐
下去，那他們的事業將會不可限量呢！

　　有許多出國攻讀學位的青年男女，往往因為無法克制一時
的沮喪與愁緒，竟不待完成學業而提前回國，造成日後無窮的
追悔。

　　有不少習醫的學生，起先是滿腹熱忱，後來因為在上解剖
學、藥物學時產生厭惡感，而找藉口中途輟學。也有不少學法
律的人，起先滿心想做一位優秀的律師，但後來讀到最艱深
繁雜的法律條文，便認為自己不是當律師的料子，喪氣地放棄

了。當然，這些人事後總是對於自己當初的軟弱和草率行事，感到後悔不已。

在所有的人都放棄的時候，自己還堅持不懈；在所有的人都後退，自己還是勇往直前；當眼前看不到光明的希望時，自己還是努力奮鬥；這種精神是大科學家、大發明家，以及其他締造偉大成就的人成功的主因。

我們常常聽到長輩發出這樣的嘆息：「假使當初我能夠貫徹始終，不屈不撓，不在沮喪的時候放棄所從事的工作，恐怕我現在已經是個相當有成就的人了！我的人生，一定比現在幸福多了！」

有許多人都因為壯志未酬，而在悔恨自責中度過自己的下半生，問題就出在，面對前進與後退的抉擇時，沮喪的情緒及懦弱的想法，使他們選擇了「向後轉」！

心境決定你的處境

真正能被稱為勇敢的人，極其清楚地意識到生命的痛苦與歡樂，但並不因此而在危險面前畏縮。

——修昔底德《伯羅奔尼撒戰爭》

懷疑會影響你的判斷力

精神的恬靜、平衡與鎮定是產生周密思考的
前提。執行你頭腦清明時所決定的計劃；在
沮喪憂鬱的時候，精神散漫的你，可別隨意
決定任何大事。

　　不管你前途如何的黑暗，心境如何的沈重，都不能草率地
決定放棄自己追尋的夢想，必須等到憂鬱、沮喪的心情消失之
後，才審慎思索自己的人生方針或步驟。

　　當你心情十分惡劣時，不管是內心如何痛苦，負荷的壓力
如何沉重，都必須加以克服，千萬不要就此倒下！

　　進行人生重要決定時，必須要謹慎運用自己的理智、正確
的判斷力與縝密的觀察力。

　　千萬不要在心情不佳的時候，做出生命中的重要決定或是
走向錯誤的「轉捩點」。

　　因為，當頹喪、失望、愁苦……等等情緒，充塞我們的胸
臆時，很容易使我們的判斷出現致命的錯誤。

　　我們常常看見一些擁有很多家產的人，一遇到事情不順利
時，就忙著變賣他們的家產，或是做出種種可笑的事來，因為
他們通常認為，如果不靠著金錢去解決自己的困難，他們就將
陷入悲慘的境遇中。

　　事實上，這一切都不過是庸人自擾罷了。

　　當你對前途感到迷惘，茫然不知何去何從之時，你的抉擇
是很危險的，因爲在這種時候，你的思慮和所下的決定，通常
是不健全的。

　　所以，你必須在頭腦冷靜、心情平和時，才去思考自己的
人生方向，做出最明智的決策。

　　當心中充滿著懷疑及失望時，人不會擁有正確的判斷力。
要有健全活絡的腦筋，才能做出正確的判斷。在心情不佳的時
候時，所想到的念頭，大都是負面的，千萬不可貿然實行。

　　精神的恬靜、平衡與鎭定是產生周密思考的前提。執行你
頭腦清明時所決定的計劃；在沮喪憂鬱的時候，精神散漫的你，
可別隨意決定任何大事。

心境決定你的處境

　　唯有對生活存著理智的清醒狀態下，人才能夠戰勝他
們過去認為不能解決的悲劇。　　——達文西《筆記》

表現出最完美的自我

要使自己成為受人歡迎與敬重的人，首先必
須要求自己擁有高尚的人格和堅毅的心志。
唯有表現出「最完善自我」的人，才能成為
受人歡迎、受人愛戴的人。

　　吸引朋友的最好方法，就是展現出自己的誠意，對別人時
常表現出關心的態度。

　　當然，你不能矯揉造作，必須發自內心對別人表示關心，
對別人感到興趣。否則，久而久之，當人們發現你態度虛偽的
時候，你將會失去所有的朋友。

　　有許多人一生中都交不到真心的朋友，最大的原因在於他
們總是注意到自己，全神貫注在自己的事務當中，抱持著「獨
善其身」的態度，久而久之，便與外界疏於聯絡，而且不受人
歡迎。

　　人生中最重大的事情，並不在於賺了多少錢，掙得什麼權
勢地位，而是把我們內心最美好的天性、最崇高的力量盡情表
現出來，使我們成為充滿吸引力與受人歡迎的人。

　　要想受人歡迎，本身必須具備種種可愛的個性。

　　小器、嫉妒、欠缺成人之美的雅量，不喜歡聽到別人優點
的人，無法獲得知心的朋友！

　　許多貧窮的年輕人，總是羨慕那些無須為了生活辛勤奮鬥的富家子弟，但實際上，在這些貧困的年輕人自己的身上，往往有著一筆比金錢更為可靠的無形財富——他們有著受人歡迎的品行，與吸引朋友的力量。這種財富極可能是那些富家子弟所沒有的。

　　要使自己成為受人歡迎與敬重的人，首先必須要求自己擁有高尚的人格和堅毅的心志。唯有表現出「最完善自我」的人，才能成為受人歡迎、受人愛戴的人。

心境決定你的處境

友誼的主要效用之一，就在使人心中的憤忿抑鬱之氣得以宣洩弛放，這些不平之氣是各種感情都可以引起的。

　　　　　　　　　　　　——培根《論友誼》

誠實才是最好的策略

> 沒有健全的德性，無法對自己、對別人忠實，
> 這種人在社會是很危險的。只要牽涉自己的利
> 害關係時，便會背離誠實正直、欺騙、訛詐之
> 類的事情便會接二連三的出現。

有很多商人利用不實的廣告或行銷手法，欺騙顧客購買商品而牟取暴利。但試問，一旦顧客發現這種欺騙行為之後，以後還有誰願意再光顧那些家店呢？

許多人都相信欺騙、說謊，是重要的牟利手段，只要手段高明便可以大膽使用。所以，許多商店，往往會為了眼前的利益而刊登各種騙人的廣告。

甚至有人認為，在商場中，這種詐欺手段是不可或缺的水段。他們甚至還相信，言行誠實的人，是不可能在經營上有大成就的。

在媒體的戰國時代，也常常出現一種可怕的現象，便是新聞偏離事實、渲染事實，甚至嚴重顛倒事實。

其實，一家新聞媒體的聲譽，正如一個人的名譽，如果它常常刊登誇大不實的報導，那它必會得到「造謠說謊」的惡名。

只有那些忠實報導新聞的媒體，才是新聞界的柱石。它們在社會上的地位，要遠比那些銷路看似不錯，但不忠實的新聞

媒體崇高得多。

　　不為利益所動，不會私心自用，在任何情況下，都能忠於讀者，這種價值遠比從欺騙中得來的利益大過千萬倍。

　　沒有健全的德性，無法對自己、對別人忠實，這種人在社會是很危險的。平時，他們或許表現得誠實正直，但是，只要牽涉自己的利害關係時，便會背離誠實正直，說謊、欺騙、訛詐＿之類的事情便會接二連三的出現。

　　或許他們並沒有直接說謊、欺騙，但他們往往會該說的隱晦不說、不確實的卻說得天花亂墜，只要能讓自己財源滾滾而來，就算是人格和名譽掃地，也覺得沒關係。

　　這種人終究會遭遇失敗，嚐到失敗的苦果之後才深深覺悟，自己短視近利的行為根本得不償失，誠實才是最好的策略！

心境決定你的處境

　　誠實是一種心靈的開放，我們很少發現十分誠實的人，通常所見到的所謂誠實，不過是一種騙取別人信任的狡猾偽裝。

　　　　　　　　　　──拉羅什富科《箴言錄》

不要用謊言來折磨自己

一個人一旦不誠實，內心就會充滿獸性，一步
步走向禽獸之路。但是，卻有人為了爭奪一些
浮世虛名或蠅頭小利，不惜賭上自己的人格、
名譽，這真是一種可悲的現象。

翻閱美國的商業歷史，我們可看出，許多過去輝煌一時的
大商店，如今還存在的寥若晨星。

那些曾經盛極一時的商店，當時如雨後春筍般的出現，靠
著刊登各種誇大不實的騙人廣告而大發利市。然而，由於他們
缺少優良的信譽，時過境遷後便一一消失了。

天底下沒有一種廣告，可以比忠實不欺、言行可靠這種美
譽，更能獲得他人的信任。

誠實是一種征服的力量，一個言行誠實的人，所發揮的人
格力量，要遠遠勝過那些經常說謊、欺騙的人！

一個言行誠實的人，能夠無畏無懼地面對世事萬物。而言
行不誠實的人，則經常會在自己的內心聽到這種吶喊聲音：「我
是一個喜歡說謊的人，我是一個虛偽的人，我是一個戴著假面
具的人。」

說謊是戕害自己的人格，自甘墮落的行為！

一個人一旦不誠實，內心就會充滿獸性，為了滿足慾望而

一步步走向禽獸之路。

　　但是，卻有許多人爲了爭奪一些浮世虛名或蠅頭小利，不惜賭上自己的人格、名譽，這眞是一種可悲的現象，不是嗎？

　　即使一個人擁有萬貫家財，卻處處遭人指責，被人譏笑他出賣人格、尊嚴、名譽，那麼龐大的財產對他而言又有何用處呢？

　　金錢、權勢、地位，值得一個人糟蹋自己人格和名譽嗎？

　　當百合的潔白花朵沾染了污漬，當玫瑰花失去了芬芳與美麗時，那它們如何還配得上被稱爲百合、玫瑰？

　　相同的道理，當一個人與生俱來最高貴的品質遭到腐化、污染，那麼，他只是徒具人的軀殼罷了，又如何能驕傲地自稱爲萬物之靈呢？

　　不誠實的人，會常常受內心的指摘、譴責，這種折磨難道可以經由名利加以補償嗎？

心境決定你的處境

　　一種壞行為只能為其他壞行為開路，可是，一種壞思想卻會拖著人順著那條路一直往下滑。

——托爾斯泰《復活》

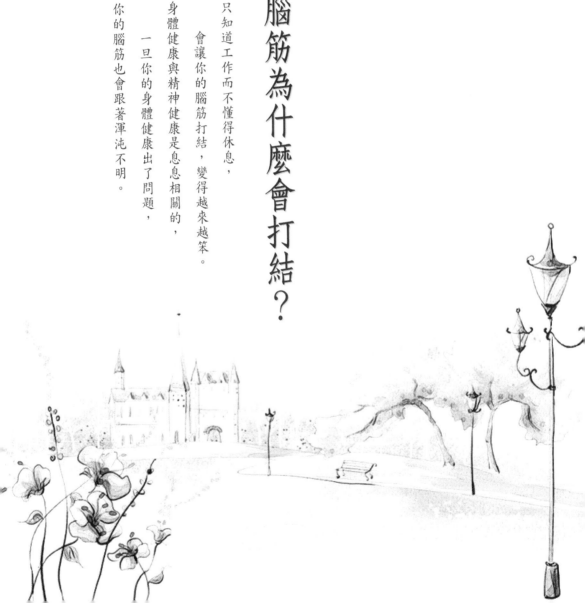

你的腦筋為什麼會打結？

只知道工作而不懂得休息，
會讓你的腦筋打結，變得越來越笨。
身體健康與精神健康是息息相關的，
一旦你的身體健康出了問題，
你的腦筋也會跟著渾沌不明。

生活單調會摧殘生命的活力

> 許多尚未年老而身心已經衰疲的人，往往會
> 覺得生活單調乏味枯燥不堪，原因就在於他
> 們工作太過勤奮，一再重複著機械式的生活
> 模式，休閒娛樂的時間太少。

　　健康是生命的泉源，人一旦失去了健康，便會了無生趣，
做事毫無效率可言。

　　這時，生命頓時陷入黑暗、慘淡之中，對世上的一切事物
都喪失興趣與熱忱。所以，有著健康的身體、健全的精神狀態，
真是一件幸福的事啊！

　　我們常常可以看見，許多原本可以有一番傑出作為的人，
卻因為被衰弱的身體牽絆住，以致於無法施展雄心抱負。

　　也有許多人生活得不快樂，因為，他們覺得由於身體健康
不佳，導致在事業上只能展現一部分的實力，無法達成自己最
崇高的理想。

　　天底下最大的遺憾，莫過於壯志未酬。

　　一個人有著傑出的能力，卻沒有健康的身體作為後盾，有
著雄心壯志，卻沒有充沛的體力加以實現；這無疑是件令人難
過的事情！

　　許多人之所以飽嘗「有志難伸」的痛苦，就在於他們不懂

得讓身心保持最佳狀態，最後失去了健康。

要知道，維持身心方面的年輕、健壯，在事業上非但有其必要，而且是相當重要的。

一個只知道埋首工作，很少休憩、娛樂的人，他的行動一定無法像一個經常休息、娛樂的人那麼靈敏，頭腦思路也無法保持清晰活絡，充滿創意和活力。

因此，無論是勞心的人或勞力的人，適時調養自己的身心，保持健全的體魄，對於工作是十分有益的。

許多尚未年老而身心已經衰疲的人，往往會覺得生活單調乏味枯燥不堪，原因就在於他們工作太過勤奮，一再重複著機械式的生活模式，休閒娛樂的時間太少。生活單調會摧殘生命的活力，可別被單調的生活扼殺了自己的創造力。

心境決定你的處境

人人都應有一種深厚的興趣或嗜好，以豐富心靈，為生活增添滋味，同時也許可以藉著它，對自己的國家有所貢獻。

——戴爾·卡耐基

你的腦筋為什麼會打結？

只知道工作而不懂得休息，會讓你的腦筋打結，變得越來越笨。身體健康與精神健康是息息相關的，一旦你的身體健康出了問題，你的腦筋也會跟著渾沌不明。

大部分在事業上有所成就的人，絕不會終日埋頭苦幹，也不會老是顯得自己的工作十分繁忙，每天都得跟時間進行激烈的賽跑。

某家大公司的總經理，每天留在辦公室工作的時間，最多只有二、三個小時。

他常常到各處旅行，在大自然風光中舒展自己的身心，他認為，唯有如此調適自己的身心狀況，才能保持工作效率。

他不願像大多數的企業經理人一樣，在過度的工作中摧殘自己，最後弄垮自己。

這種心態讓他在事業上獲得非常大的成就。

因為他的身心得到充足的休養，所以辦起事來十分敏捷而有效率，工作非常迅速，絕少發生錯誤。

因此，他常常在三個小時內就完成別人必須耗費八、九個小時，甚至日以繼夜工作的進度。

一個生活規律而懂得適時休憩的人，會散發強大的生命力，抵抗各種疾病，渡過各種難關，應付各種突如其來的打擊。

　　只知道工作而不懂得休息，會讓你的腦筋打結，變得越來
越笨。休閒娛樂在我們的生活中佔有相當重要的地位。有許多
僱主老是強迫職員長時間工作，而忽略了適度的休憩可以使人
的身心維持均衡狀態，增進工作效率。

　　許多急於出人頭地的人，似乎以為身心健康是很好「溝通」
的，會按照自己的意志進行調整，因此，根本不注重健康法則，
勉強自己一天做二、三天的工作量，用盡各種方式糟蹋自己的
身心，直到健康出了問題才後悔莫及。

　　這樣的人既失去了健康，也難以獲得成功。

　　大多數人的生活方式，都在兩極端中來回行走——糟蹋身
體，然後求醫診治，結果導致體力衰微、精神耗弱，而且在這
種病態的循環中產生了失眠、憂鬱、沮喪……等等負面思想！

　　身體健康與精神健康是息息相關的，一旦你的身體健康出
了問題，你的腦筋也會跟著渾沌不明，精神時時陷入恍惚狀態。

　　我們經常可以發現，一個身強體健的人儘管才智不高，但
是他的成就，往往會超過才能出眾卻身體衰弱的人。

　　如何才能成為一個精力旺盛、身強體魄的人？其實，方法
很簡單，只要我們能過著規律協調的生活，懂得適時從忙碌的
工作抽身，讓自己多一點休閒娛樂，便能達成這個目標。

心境決定你的處境

　　任何一個人，只要他的心和他的愛好遭到了破壞，他
如花似錦的年華，就會春夢似地消磨過去了。

　　　　　　　　　　　　　　　　　——盧梭《愛彌爾》

讓美麗的事物淨化你的生命

> 美麗的事物有著淨化、滋潤與豐富生命的力量，這種力量將會擺脫塵俗的紛擾，使人過得優遊自在，生活之中常常會增添許多意想不到的樂趣。

養成欣賞美麗事物的習慣，必須從生活週遭的細微景物做起，當你能培養出這種優雅的品性、審美的情操、高尚的鑑賞能力時，你將會從世事萬物得到無法比擬的快樂。

世界上任何有形的資產，都不會比培養審美眼光和鑑賞能力來得寶貴。

因為，高尚的鑑賞力將使我們擁有一顆細膩的心，不斷為我們的生命帶來驚奇喜悅，把生命染會成虹彩般絢爛美麗。

具備審美眼光的人，生活之中常常會增添許多意想不到的歡樂與樂趣。至於審美眼光和鑑賞能力的養成，大部分是在大自然的耳濡目染之中完成的。

自然界中各種的聲響，譬如蟲鳴鳥語，溪水潺潺聲響，微風拂打樹葉的聲音，以及天空、海洋、森林或高山秀嶺、遼闊原野所呈現的千萬種顏色，都可以為我們培育出優雅的審美眼光。

假使你無法讓你的耳朵和眼睛儘量去接觸外界的美麗景物，

拓展自己欣賞美麗事物的視野和境界，那麼，你的生命無疑是
枯燥無味的。

　　美麗的事物有著淨化、滋潤與豐富生命的力量，這種力量
將會使人擺脫塵俗的紛擾，過得優遊自在。

　　所謂完美的生命，其中必定有許許多多美麗的事物點綴、
滋潤、豐富。對於美麗事物無法細細領略品味的人，縱使站在
一幅美麗的名畫之前，心裡所想的也只是它的價錢。

　　當他看到日落餘暉、紅霞返照的奇景，或自然界的其他美
麗景象，心靈也不會有任何震撼。

　　像這樣一味在塵世汲汲營營的庸俗之人，心靈很難淨化昇
華，當他們刻意把自己的外在裝扮得光鮮亮麗的同時，其實心
靈正逐漸變成一灘污濁的池水。

心境決定你的處境

縱然人間的詩人都已死亡，他們所有的音樂也隨之消
逝，可是大自然想說的一切，總會找到適當的聲音來
表達。
　　　　　　　　　　　　　　　　　——W‧溫特

你也可以更新自己的生命

> 美麗的事物會更新我們的生命，讓我們充滿
> 了盎然生機。一個只知道追求名利財富的拜
> 金者，不會具有審美的眼光，也很難具備高
> 貴的品格與高尚的情操。

一個人想要修練自己的完美品格之時，培養審美的情操是很重要的。

外界的人、事、物，對於我們的生命、品格常常會產生微妙的影響。譬如，當我們看到一幅美麗的畫作、一抹美麗的斜陽、一張美麗的臉容，或是一朵美麗的花朵時，總能在無形中讓我們心曠神怡，感激生命的美好。

這時，我們會暫時拋下得失之心，使得現實生活中的煩悶、憂愁、焦慮霎時散去。

當我們細細品味眼前的美妙景緻，心靈無形之中就會得到淨化。美麗的事物會更新我們的生命，恢復我們元氣，促進我們的健康，讓我們充滿了盎然生機。

只要我們擁有一顆柔軟纖細的心，那麼，不管何時何地看到美麗的事物，都會感動，都會訝異、驚歎。而且，這種悸動的情愫，隨著時間流轉，每天都會有所不同。

世間賢能的人，往往就是對週遭美麗的事物都能感到驚歎

的人。一個懂得欣賞大自然、熱愛大自然、敬畏大自然的人，也必定了解自己本身就是巧妙精緻，而且是最具價值的大自然產物。

唯有如此，人才能夠領略自己的人生無比珍貴。

一個只知道追求名利財富的拜金者，不會具有審美的眼光，相對的，也很難具備高貴的品格與高尚的情操。

無論我們從事哪種職業，都不可為了金錢，拋棄或摧殘了自己生命中最高貴、最優美的情愫；我們應該利用各種機會，將美麗的事物貫注於我們的生命中。

當你能喜歡美麗的東西，你的生命中自然就含有美的成分。高尚的思想、崇高的理想會在你的舉手投足間顯露出來。

因此，只要你能具備審美眼光，你的生命一定會淨化、提昇、豐富。你可以在自己專精的領域，成為一個深具鑑賞能力的「藝術家」，而不僅僅僅只是一個庸俗的「工匠」。

心境決定你的處境

大自然像個美貌的新娘，不需要人造的珠寶為她增添嬌豔，而滿足於它田野的蔥蘢，她海岸的金沙，她高山的寶石。
　　　　　　　　　　　　——紀伯倫《主之音》

不要為了小錢賠上健康

> 人常常在一些似是而非的經濟觀念中，浪費許多寶貴的生命力與精力。必須要把自己的眼光放得遠大一些，知道自己想要的是什麼，不要執著於無關緊要的細節。

做事想要充分發揮效率，必須有高瞻遠矚的眼光，知道什麼事必須費盡心力去做，什麼事即使不做也沒關係。

真正懂得經濟、效率精隨的人，往往會用最精簡、最快速的方式，獲得最高的報酬。

立志要成功的人，必須要把自己的眼光放得遠大一些，知道自己想要的是什麼，不要執著於無關緊要的細節，也不要被眼前的小利迷惑，因而損失了更大的利益、更多的機會。

節儉是一種美德，但過分節省卻是一種壞習慣，不但無益反而有害，有時還會變成人生道路上的絆腳石，失去許多成功的機會。

生性吝嗇小氣的人，往往會讓別人產生輕蔑的眼光，不樂意與他交往，使他無法建立廣泛和諧的人際關係，失去成功所需的助力。

有的人時常為了省些小錢而不惜戕害自己，最常見的是捨不得花錢讓自己餓肚子，最後賠上了身體的健康。

　　要知道，這是一種極為不智的行為，這樣的人一直忍耐到上醫院求診時，就會知道自己其實是在省小錢花大錢。

　　人們在身體精神狀況不佳的時候，無法順利進行工作。只有在體力強旺、腦筋清晰的時候，辦事才會有高度的效率。所以，為了要維護健康起見，即使多花一些錢也是值得的。

　　人常常在一些似是而非的經濟觀念中，浪費許多寶貴的生命力與精力。譬如，當我們的身體出現小病痛時，往往捨不得花錢就醫而拖延下去。結果，常常會因小失大，不但讓自己的身體忍受了許多不必要的痛苦，工作效率大受影，最終還得付出更多醫療費用。

　　凡是阻礙我們生命發展的事物，我們都應該不惜任何代價，設法加以補救。在強調節約的同時，應該將效率當為我們的行事準則。凡是可以增進我們的能量，增強我們的腦力、體力的事情，都要努力去執行，因為這是邁向成功所需要的代價。

心 境 決 定 你 的 處 境

省吃儉用而忍飢捱餓，當然是件好事，但是，在適當時機揮金如土，也同樣是好事情。這就在於修養成熟的人來加以決斷。　　　　　　——德謨克里特

謙虛會讓你受益無窮

我們應該警惕自己必須保持虛懷若谷的態度，因為，人不會因為謙虛而失去任何東西，相反的，可以贏得別人的好感，讓自己受益無窮。

據說，大畫家威爾尼有一天在日內瓦湖畔寫生，有一個路過的婦人，不知道他就是鼎鼎有名的畫家，竟然對著他的畫作指指點點，接著大肆批評起來。

面對這位婦人的批評，威爾尼始終帶著微笑，而且聽完後還相當有禮貌地向她說「謝謝」。

每個人都具備著某種出色的個性與才能，偶而得到別人讚許，並不表示自己絕對比別人優秀，因此應該表現謙虛的態度。

一個了解自己才能的人，必定也是個胸襟廣闊的人，既不因為別人的讚美而驕傲自大，也不會因為別人的批評而惱羞成怒。

唯有這樣的人才懂得讚美別人的才能，並且表示敬意。

至於器量狹小的人缺乏遠見，凡事以自我為中心，只知拘泥於形式上的虛榮，試圖以此爭取別人的認同。

其實，一個擁有特殊才能的人，必須更懂得謙虛的道理，與其喋喋不休地誇耀自己的才能，不如斂藏起自己的才能和爭

辭的心，而代之以謙虛的微笑。

我們應該警惕自己必須保持虛懷若谷的態度，因為，人不會因為謙虛而失去任何東西，相反的，謙虛的態度可以贏得別人的好感，讓自己受益無窮。

所謂的謙虛並不是虛偽矯飾，而是使驕傲自滿的心性變得細膩柔軟，唯有具備這種寬闊的胸襟，才能使自己成大器之財，不會拘泥於瑣事，不計較利害得失。

心境決定你的處境

人間可以吹噓的一切瘋狂行為中，最令魔鬼高興的是驕傲；它被降低到這樣的說法：蜻蛉會看不起蠕蟲。

——　R・布拉夫

讓生命綻放出耀眼的光芒

> 人應該盡情燃燒自己的能量，使生命綻放出
> 最耀眼的光芒。我們更應時時提醒自己，應
> 該充滿自信，以積極樂觀的態度，渡過白駒
> 過隙般的短暫人生。

　　心理學家威廉‧詹姆斯曾說：「一個人如果想要擁有自信，
就要裝得很有自信的樣子。如此一來，自信就會取代自卑。」

　　人生的價值並不是依據外表的美醜、財富、地未來衡量，
而是當你一無所有的時候，是否仍然對自己深具信心。

　　你的心境決定著你的處境！

　　人生，其實就是我們自己編寫的戲劇，而且擔負這部戲的
導演、演出、舞台設計、燈光照明的，也都是自己。

　　由於每個人抱持的人生態度不同，所寫出的戲劇有可能是
晦暗的、沈悶的、無趣的，也可能是明快的、鮮活的、感人的，
甚至還可以是精采萬分的。

　　在人生的舞台上，我們不要讓自己淪為一個庸俗的人，而
要勇敢去追尋自己的願望和夢想，讓自己的人生戲碼輝煌壯麗。

　　因為，就像一部庸俗的小說無法讓讀者感動一樣，一個平
凡庸俗、言行粗鄙的人，也無法讓人留下深刻印象。

　　我們應該不憚其煩，隨時提醒自己：人生是無比珍貴的，

千萬不能粗鄙、庸碌地隨便渡過。

我們更應時時提醒自己，應該充滿自信，以積極樂觀的態度，渡過白駒過隙般的短暫人生。

美國劇作家麗・蓮海爾曼說：「人只要有一種信念，那麼，他在追求的過程中，不管什麼艱苦都能忍受，不管什麼環境都能適應。」

人應該對自己充滿信心，盡情燃燒自己的能量，使生命綻放出最耀眼的光芒。

心境決定你的處境

靜吧，憂傷的心，別再悔恨；烏雲後面，太陽依然輝煌燦爛；你的命運和大家的一樣，每個人一生都得逢上陰雨，有些日子必然陰暗而沉悶。 ——朗費羅《雨天》

靠自己的心靈力量拯救自己

> 英國思想家培根曾說：「人類在肉體方面的確
> 與禽獸相近，如果在精神方面再不與神相類
> 似，那麼，人就是一種卑污下賤的動物了。」

我們所處的是一個充滿虛榮、矛盾、媚俗、欺騙、訛詐
……，價值觀念極度紊亂時代。

例如，許多人為了使自己的容貌體態更加優雅迷人，每天
忙著照鏡子，用大量的化妝品粧點自己，卻從未想過如何才能
充實內涵，使自己的心靈更美麗。

這樣既虛榮又虛無的人，終日帶著假面具取悅別人，最後
終將淪為一個言語無味面目可憎的庸人。

人唯有先淨化自己的心靈，外表才會變得美麗動人。

所謂淨化心靈，具體的說，就是精神淨化作用，培養純潔
而高尚的情操，讓心靈安詳富足，對人生抱持善良、積極、開
朗的態度。

一個人的生活是樂觀積極、多彩多姿，或只是渾渾噩噩迷
糊終生，甚至作姦犯科危害人群，完全取決於他抱持什麼樣的
人生態度。

如果我們不用心去了解自己的個性和能力，當然就無從了

解應該對人生抱持什麼態度，只會處心積慮地想使自己的外在形象獲得外界的肯定，而隨波逐流渡過一生。

英國思想家培根曾說：「人類在肉體方面的確與禽獸相近，如果在精神方面再不與神相類似，那麼，人就是一種卑污下賤的動物了。」

人應該做到的是，淬勵自己的心智，並管理自己的行為。

真正的心靈淨化作用，除了自己之外，沒有人可以勝任，如果你不想淪為一個虛有其表的人，就必須靠自己的心靈力量拯救自己，才能從世俗的漩渦中超脫出來。

心 境 決 定 你 的 處 境

沐浴在陽光中的人，在心中會升騰起善念；如同在火爐邊烘著的蘋果會散發出香甜的氣味一樣。

——Ｃ・Ｄ・沃納

不要把精力浪費在小事上

> 「經濟」的真正意義是當用則用，當省則
> 省。「效率」則是將時間貫注在最有意義的
> 事務上，獲得最完美的結果，而不是費盡心
> 力去完成可有可無的事情。

　　現代人事事講求經濟、效率，但是卻往往流於銖錙必較，把時間精力消耗無關緊要的芝麻細事上，甚至還爲了這種浪費生命的行爲而沾沾自喜。

　　現代人之所以會形成這種本末倒置的錯誤觀念，根本的原因就在於嚴重誤解經濟、效率的真實意義。

　　曾經有一位繼承龐大家業的億萬富翁，從小就養成斤斤計較的習慣，這種根深柢固的壞習慣，往往使他爲了節省一分錢而浪費一塊錢價值的時間。他常常耗費許多寶貴的時間，只是爲了節省一些細微的開支。殊不知，他拘泥於小事所花掉的時間價值，遠遠勝過他所節省的蠅頭小利。

　　在公司業務上，他更是將吝嗇的精神發揮得淋漓盡致。

　　他每天都叮嚀公司的職員必須節約，凡事能省則省；這種矯枉過正的行爲，讓全公司的職員把心力浪費在如何節約上，而不是如何積極推展公司的業務。

　　這樣「不務正業」的公司自然難以蓬勃發展，最後不可避

免地面臨倒閉的厄運。吝嗇成性的壞習慣，非但無法使這位富
豪開創出新格局，最後來父親留給他的財產也守不住。

「經濟」能夠創造「效率」，但是，在高度商業化的社會
中，能夠徹底了解「經濟」和「效率」意義的人，實在少之又
少。

「經濟」的真正意義並不是吝嗇刻薄、一毛不拔，而是當
用則用，當省則省。

「效率」則是將時間貫注在最有意義的事務上，獲得最完
美的結果，而不是費盡心力去完成可有可無的事情。

過度看重眼前的小利、銖錙必較的人，是無法成就大事業
的。節儉固然是一種美德，但是，過分吝嗇、小氣只會讓你一
是無成。

做大事需要有恢弘的器量，遠大的眼光，集中時間精力於
最有意義的事情上，如此才可能獲得寶貴的成功。

心境決定你的處境

為了一件小事上的節省，人們往往會付出很大的代價；
只知守財並非真節儉，捨得用錢，有時到是真正的節
儉所不可少。　　　　　　　　——愛默生《論文集》

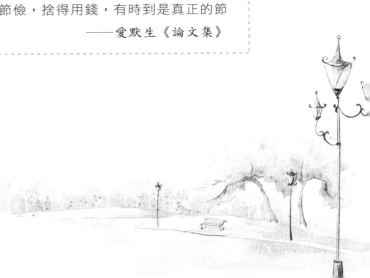

你不能不知道的 把妹心理學全集

——用心追，宅男也能把正妹

作家安‧蘭德絲曾說：「男人最大的遺憾，通常就是面對讓自己怦然心動的對象，卻因為畏怯忐忑，未能將心中的愛意表達出來。」

如果你不想讓錯過的愛情成為心中永遠的痛，那麼面對喜愛的正妹，就必須放下忐忑不安的心，大大方方表現出來。千萬不要猶豫不決，也不要害怕遭到拒絕，如果你不適時放電，又怎麼知道和對方來不來電？

想追女人，臉皮一定要厚，只要你不患得患失，你就會恍然發現，對方並不像自己想像中那麼難追。

有點心機不算詐全集

——具備一些心機，才不會老是碰壁

愛默生曾說：「成功者並非比失敗者有腦筋，只不過他們比失敗者多了一點心機。」

有點心機不算詐，它只不過是為了保護自己，同時讓自己更順利達成目的。

做人做事必須有一些心機，才不會老是在現實社會碰壁。千萬別以為自己比別人還要認真，比別人還要努力，就一定可以出人頭地；要是你不具備應有的心機，不懂得運用一些必要的手腕，就會像一把沒有準星的槍，很難命中目標。

改變看法，就會改變做法全集

——不要讓錯誤的看法左右你的做法

愛因斯坦曾說：「人只有懂得改變對困境的看法，才能找到衝出困境的方法和做法。」

的確，成功絕大部分取決於身處逆境的時候，是否具備改變主觀看法的勇氣，事實證明，只要你能改變看法，就能改變導致你失敗的做法，幫助你往成功的道路邁進。

富勒曾經寫道：「看法本來是做法的僕人，卻常常變成它的主人。」

其實，一個人失敗的最大原因，除了本身能力不足外，更關鍵的是欠缺勇氣和決心，不敢改變自己死守不放的偏執看法。

放下過去，才有未來全集

——想開創璀璨的未來，先放下哀怨的心態

法國文豪羅曼羅蘭說：「只有把抱怨環境的心情，化作奮發向上的力量，才是成功的保障。」

確實如此，人只有勇於放下不如意的過去，踏實地活在當下，未來才可能充滿希望。不論過去的處境如何不堪，不論過去遭遇多少挫折和磨難，都必須學會放下，用積極樂觀的態度改變現況。

壯志與熱情是夢想的羽翼，自信與堅韌是成功的階梯，只有對生活抱持著積極樂觀態度的人，才能穿越荊棘遍佈的人生道路，度過眼前的難關，開創璀璨的未來……

放下便是快樂全集

——幸福，就從你決定放下的那刻開始

作家卡莉曾經寫道：「幸福是種奇妙的美好感覺，通常會發生在你決定放下的時候。」

當我們不知道什麼是幸福的時候，總是以自我為中心，試圖將所有的人事物緊緊握住，人與人之間才會產生那麼多摩擦、衝突，自己才會被那麼多不值得放在心上的瑣事絆住。

幸福往往從放下的那一刻開始，很多事與其緊緊握住，不如試著放下。當我們懂得放下那些想要牢牢掌控人事物的心思，我們才能找到真正的幸福。

別為小事痛苦全集

——不為小事浪費生命的生活智慧

激勵作家伯頓曾說：「如果世上有地獄的話，那就在人們憂慮的心中。」

確實如此，如果你不想讓自己整天活在「地獄」之中，就千萬別為過去懊惱，也別為未來擔憂，更別用根本還未發生或已經發生的「小事」來折磨自己。

生活中難免會有諸多令人感到痛苦和煩惱的瑣事，但是，除了煩憂之外，人生中還有更多值得開心、讚頌的美好事物等待我們去發掘。既然如此，又何必執著於眼前惱人的小事，放棄讓自己快樂的權利？

一味鑽牛角尖，只會讓自己每天苦不堪言；唯有放開胸懷，生活才能過得坦然自在。

用幽默代替沉默—臨機應變篇

——用幽默的方式化解可能的衝突

美國作家比徹曾說：「只要你能用幽默的方式讓對方會心一笑，對方就會不由自主照著你的意思去做。」

確實如此，幽默往往會製造左右他人決定的效果。遇到不如己意的事情，要當場發飆很容易，困難的是適時發揮機智，用幽默的方式表達自己的意思。

機智與幽默是人際互動的最佳應變智慧。動不動就爆粗口，或是跟別人爭執不休，非但會氣氛鬧僵，把問題搞得更難以收拾，更會突顯自己的粗俗幼稚。真正有聰明的人，即使被激怒，即使場面不利於自己，也會臨機應變，選擇用幽默與機智化解可能爆發的衝突。

愛情需要多一點理性全集

——用理性面對戀情，才能擁有美好的愛情

兩性作家桃樂西曾說：「陶醉於愛情之中的男女，通常都不想用理性去面對，總有一天必須面對的愛情現實。」

因為，再如何濃熾熱烈的愛情，終究都會有退燒變淡的一天，當愛情由濃轉淡的時候，如果還不懂得用理性去面對這段已經退「樂」的愛情，那麼就永遠無法讓自己擁有一段真正天長地久的愛情。

談情說愛的過程中，要隨時保持理智，千萬別被自以為是的想像矇騙，更不要認為一切都是理所當然，否則，這段感情很快就會剩下遺憾。

生活講義

179

改變心境，就能改變處境 全集

作　　者　黛　恩
社　　長　陳維都
藝術總監　黃聖文
編輯總監　王郡凌
出 版 者　普天出版家族有限公司
　　　　　新北市汐止區忠二街 6 巷 15 號
　　　　　TEL / (02) 26435033 (代表號)
　　　　　FAX / (02) 26486465
　　　　　E-mail：asia.books@msa.hinet.net
　　　　　http://www.popu.com.tw/
　　　　　郵政劃撥 19091443 陳維都帳戶
總 經 銷　旭昇圖書有限公司
　　　　　新北市中和區中山路二段 352 號 2F
　　　　　TEL / (02) 22451480 (代表號)
　　　　　FAX / (02) 22451479
　　　　　E-mail：s1686688@ms31.hinet.net
法律顧問　西華律師事務所・黃憲男律師
電腦排版　巨新電腦排版有限公司
印製裝訂　久裕印刷事業有限公司
出 版 日　2024 年 8 月第 2 版第 1 刷
ISBN◉978-986-389-943-3　　條碼 9789863899433
Copyright◎2024
Printed in Taiwan, 2024 All Rights Reserved

國家圖書館出版品預行編目資料

改變心境，就能改變處境 全集 ／
黛恩編著. —第 2 版. —：新北市, 普天出版
2024.8 面；公分. -（生活講義；179）
ISBN◉978-986-389-943-3（平裝）
CIP◎177.2